中小零細企業のための

対話式評価制度のススメ

社会保険労務士法人
Nice-One 代表
社会保険労務士
中山 伸雄 著
Nakayama Nobuo

同友館

はじめに

　みなさま，こんにちは。本書を手に取ってくださり，誠にありがとうございます。

　私は普段，社会保険労務士という仕事を通じ，中小零細企業の人事・労務に関する相談対応をさせて頂いています。

　本書のテーマでもある人事評価制度に深く関わるようになったのは，多くの中小零細企業が「従業員の評価をどうすればよいか？」という悩みを抱えていて，賞与や昇給の時期のたびに，相談を持ち掛けられることがきっかけでした。

　「うちの会社は，何も仕組みがない」という会社から，「人事評価シートと給与体系は仕組みとしてあるものの，満足いく形で運用できていない」という会社まで，出会った企業はほとんどすべて，そんな状況の企業ばかりでした。

　このような理由から，「評価をしっかり行いたい」という企業の依頼に応じ，人事評価制度の見直しという仕事に数多く携わらせて頂くことになったのですが，その過程で「評価制度がうまくいかない」企業には，共通の課題があることに気づきました。

　その課題というのは，「コミュニケーション」です。

　評価をするにしても，評価した後のことについても，上司と部下で，適切なコミュニケーションを行わないので，評価制度がうまくいっていないのです。

　話は少し変わりますが，以前，私が勤めていた会社での経験談のお話をしたいと思います。

　その会社は，賃金制度も評価制度もなく，全て社長のトップダウンで

処遇の決まる，零細企業でした。そこで営業の仕事をしていたのですが，そこでは達成できるイメージのつかない数値目標を与えられ，結局その期の目標は達成できなかったのですが，翌期の契約更改で，びっくりするほどの給与UPを提示されたのです。社長からしたら，感謝されてしかるべきだったのでしょうが，私は感謝ではなく，恐怖と感じました。モチベーションが上がったかというと，そうではなく，逆に脅迫されているような気分になり，気味が悪くなったのを覚えています。

　本編でも少し出てくる話なのですが，そのような中，たまたま社長と二人で飲む機会がありました。そこで，「なぜ難しい数値目標を与えているのか」，「お前のこういうところを評価している」，「これが，将来にわたってお前に期待していることだ」，そのような話をしてくださいました。私は社長に対し，「そのように考えられていたなんで，全く知りませんでした」と伝えたら，「そんなこともお前は理解できていなかったのか？」と返されました。当時の私には経営者の気持ちを理解する力がなく，社長の意図は全く気付かなかったのです。ただ，給料が上がっても理由が分からないので嬉しくなかったのですが，社長の意図と自分に対する評価，期待や役割が理解できた時，私のモチベーションは大幅にUPしました。

☞ **評価制度で最も大切なものは，「コミュニケーション」！**
　私は，人事評価制度を価値あるものとするためには，「80％はコミュニケーションにある」と考えています（残り20％は自社にあった制度そのものの仕組みです）。
　本書を通じて一番お伝えしたいことは，とてもシンプルな一般論で誠に申し訳ないのですが，「上司と部下が良いコミュニケーションが取れれば，評価制度は最強の人材育成ツールになる！」ということです。
　具体的には，以下の4点です。
　①評価シートに，「会社として期待する役割」を盛り込み，方向性を

示す。

②面談で，できたこと，頑張ったことを褒める。

③面談で，対話を通じて相手を理解する。

④更に努力してほしいことを伝える。その合意をとる。

これを繰り返すだけで評価制度は十分，価値あるものとして機能します。

対話をすれば，相手への理解が深まり，上司の立場としては，より適正な評価につながります。相手を理解すれば，相手に応じた指導ができるようになります。

部下の立場としては，対話を通じて上司が自分の事を理解してくれれば，モチベーションが上がります。

このシンプルな仕組みを作るための評価制度が，本書のテーマ「対話式評価制度」です。

そして「よいコミュニケーション」を取ることができるリーダーが育てば，必ず会社も育つのです。

☞ 評価制度を活用したコミュニケーションが，リーダーと部下，そして会社を育てる

一般的な評価制度では，部下の人材育成のためや，処遇を決めるために活用されていますが，**本書のテーマである対話式評価制度においては，「リーダーを育てるための上司と部下の面談（＝対話）」を最も重要視しています。**

（フィードバック面談というのは，評価した結果，できたこと，できなかったこと等についてを評価者（上司）が被評価者（部下）へフィードバックする面談のことを言います）

普段から会話をしていたとしても，意外と「大事なこと」は，私の体験談のように，相手に伝わっていないことが多いものです。また，私の主観ですが，ほとんどの中小零細企業では，多忙のためや，リーダーと

しての訓練を受ける機会が少ないためなどもあり，よきコミュニケーションを取れていないリーダーがほとんどのように感じます。

　もし，「うちの会社は優秀なリーダーが揃っていて部下への指導体制もしっかりできている。とにかく知りたいのは，どう，評価を公正に行うかということと，どのように給料を決めればよいかについて，勉強したい」という目的には，あまり役に立たないかもしれません。

　逆に「評価制度がうまくいかない。リーダーが機能してくれない。リーダーをもっと育てたい。離職率が高い」という会社には，きっと役に立つはずです。

　評価制度自体のあるべき姿は，企業によって様々ですが，上司と部下の，仕事の質を高めるためのコミュニケーションの大切さは，どの企業でも共通です。

　そんな「仕事の質を高めるためのコミュニケーションづくり」を目指した，『対話式評価制度』。すべてがあなたの会社にマッチする内容ではないと思います。しかし，本書で紹介する内容の一部だけでも，手に取って読んで頂いた方のお役に立つことができれば幸いです。

◉目次◉

はじめに　iii

第1章　人手不足時代に中小零細企業が行うべきこと …1

1. 中小零細企業が生き残るためには「定着」と「育成」　1
2. カギを握るのは「上司のコミュニケーション力」　7
3. 評価は，「よい面談」を行うためのツールにすぎない　14

第2章　対話式評価制度の考え方 …17

1. 人事評価制度とは？　17
2. 中小零細企業が取り組むべき「人事評価制度」とは？　19
3. 評価制度を導入する前に，人間関係の健康診断をする　26
4. 対話式評価制度が目指す結果目標　32

第3章　対話式評価制度【構築編】 …37

STEP1. 一次評価者への説明・意見聴取・ディスカッション　37
　　　〜「なぜ必要か？ 何をしてほしいか」をリーダーに伝える〜
STEP2. 社内の評価体制を作る　45
　　　〜誰が誰を評価するのか？〜
STEP3. 等級基準表を作る　51
　　　〜社内のキャリアアップイメージを見える化しよう〜
STEP4. 評価シートを作る　54
　　1. 評価基準を示した評価シート　54

2. まずはサンプル評価シートをみてみよう　59
　　3. サンプル評価シートから，重要な項目を「選ぶ」　70
　　4. 会社のオリジナル評価シートをつくろう　72
　　5. リーダー職の「評価シートと行動指針作り」　72
STEP5. 年間スケジュールを立てる　90
STEP6. 評価の付け方のルールを作る　93
　　　　〜一次評価者と二次評価者の役割分担〜
　　1. 一次評価者の役割と評価の付け方　94
　　2. 最終評価者の役割と評価の付け方　100
STEP7. フィードバック面談を行う　106
　　1. フィードバック面談の目的　107
　　2. フィードバック面談のポイント　110
　　3. フィードバック面談のルール決め（公開方式か，非公開方式か?）　114
　　4. 非公開方式のフィードバック面談のやり方　119
　　5. 面談スキルを高める　122

第4章　対話式評価制度【フィードバック面談編】……… 123

　　1. 面談時に意識するとよい点　124
　　2. 公開方式のやり方　137
　　3. 公開方式フィードバック面談の失敗例　142
　　4. フィードバック面談のまとめ　153

第5章　対話式評価制度【事例編】……………………… 156

　　事例1. 社会保険労務士法人の事例　156
　　事例2. 介護施設Y社の導入事例　165
　　事例3. 建設会社S社の導入事例　167

補論　評価者養成のためのテキスト事例 ……………… 172

　Ⅰ.制度の説明編　　173
　Ⅱ.評価の仕方編　　182

おわりに　　188

【ダウンロード特典】

すぐに使える！
本書内で解説している人事評価シートのテンプレートがダウンロードできます。
詳しくは，以下のページをご参照ください。
https://www.nakayama-sr.com/book
（パスワード：niceone）

第1章 人手不足時代に中小零細企業が行うべきこと

　これからの日本は，労働力人口が減り続け，中小零細企業が生き残るためには若手人材の確保がこれまで以上に重要になってきます。そのためのキーワードは「定着」と「育成」です。そして，それこそが対話式評価制度の最大の目的でもあります。そこでまず，評価制度の話に入る前に，現在を取り巻く中小零細企業の現状について，みていきます。

1.中小零細企業が生き残るためには「定着」と「育成」

☞ 採用はこれから厳しくなる一方。若者の人口の激減は死活問題

　現在，日本全体を働き手不足問題が襲っています。既に「採用できない」ことが一番の悩み事になっている会社も多いのではないでしょうか。「求人を出しても応募が来ない」と嘆いている経営者の悩みを伺う機会が増えていますが，「人がこない」のではなく，「働く人がいない」というのが，今の人手不足時代の現実です。

　次ページの表を見てください。

　総務省統計局がまとめた，新成人（20歳）人口の推移です。

　たとえば，2000年の新成人の人口は164万人なのに対し，2015年には126万人となっています。わずか15年の間で，新成人の人口は約75％近くまで減少してしまいました。さらに，国立社会保障・人口問題研究所の推計によると，今後の新成人人口は，減少傾向で推移し，2025年には110万人を下回ると見込まれています。

　企業も永続的な生き残りをかけ，若者の採用に必死ですが，最近では大企業ですら新卒者の内定辞退の多さ（つまり人材の奪い合い）に，頭

図表1-1　20歳人口の推移

年次 (西暦)	新成人人口 (万人)			総人口に占める割合 (%)	人口性比
	男女計	男	女	男女計	
平成09年 (1997)	183	94	89	1.46	104.7
10 (1998)	174	89	85	1.38	105.0
11 (1999)	170	87	83	1.35	105.2
12 (2000)	164	84	80	1.29	105.4
13 (2001)	157	81	77	1.24	105.3
14 (2002)	152	78	74	1.19	104.7
15 (2003)	152	77	74	1.19	104.7
16 (2004)	152	78	74	1.19	104.7
17 (2005)	150	77	73	1.17	104.9
18 (2006)	143	73	70	1.12	105.0
19 (2007)	139	72	67	1.09	106.4
20 (2008)	135	69	66	1.06	105.2
21 (2009)	133	68	65	1.04	104.9
22 (2010)	127	65	62	1.00	104.7
23 (2011)	124	63	61	0.97	104.2
24 (2012)	122	62	60	0.96	104.9
25 (2013)	122	63	59	0.96	105.4
26 (2014)	121	62	59	0.95	105.1
27 (2015)	126	65	61	0.99	105.5
28 (2016)	121	62	59	0.95	105.1
29 (2017)	123	63	60	0.97	105.8
30 (2018)	123	63	60	0.97	105.5
31 (2019)	122	62	59	0.97	105.3
32 (2020)	122	62	59	0.97	105.6
33 (2021)	119	61	58	0.95	104.8
34 (2022)	117	60	57	0.94	104.7
35 (2023)	114	58	56	0.92	104.6
36 (2024)	112	57	55	0.91	104.1
37 (2025)	108	55	53	0.88	104.3

を抱えているほどです。

　大企業ですら、激減していく若者を奪い合っているわけですから、中小零細企業は更に厳しい環境に置かれるのは、人口構造からすれば必然です。

　このように、多くの同業他社が欲しがる年代の人材は採用が難しくなっていますし、現時点で「人が採用できない」という状態の企業は、今後、更に厳しくなっていくことを覚悟する必要がります。

　人手不足が原因による「人手不足倒産」という言葉も一般的になってきましたが、現時点で「仕事はあるのに人手不足で業績を伸ばせない」という状況の会社（実際、そのような悩みを抱えている会社は非常に多いです）は、下手をしたら数十年後は、事業拡大どころか本当に働いてくれる人がいなくなってしまって「廃業」、ということもあり得るかもしれない、それくらいの危機感が必要かもしれません。

☞ 定着率が悪い会社は更に要注意

　退職者が少ない会社は、処遇（給料、休みやすさ、近さ等）がいいか、仕事が楽か、人間関係が良いか、働き甲斐を感じられるか、主にこれらの特徴をもっています。

　しかし、処遇を上げるにしても大企業と競争して勝つのは難しいですし、仕事だって楽になるわけではありません。そうなると努力してなんとかなるかもしれないことと言えば、人間関係をよくすること、働き甲斐を持ってもらうこと、となってきます。

　もちろん簡単なことではありませんが、会社の業績を上げるためには、従業員の士気や定着率はとても大切で、一般的に資金力が厳しい中小零細企業は、この分野で勝負していかなければなりません。

　もし現時点で定着率が悪い状態の場合、このまま改善せずにいくと、今後どうなっていくか？　それは「従業員の高齢化と人手不足による業績の悪化、最悪の場合は人手不足倒産」という事態に陥ります。

今後，労働力人口は減っていく一方。求人を出しても全く若者が来なくなる時代が来ることを，採用力の弱い中小零細企業は想定しておくべきです（若者とされる基準は職種等によって異なるため，ここでは定義はしません）。人手不足倒産も年々増えており，中小零細企業にとって「1人の退職者（特に若者）」のダメージが，10年後，20年後，今以上に大きくなってくるでしょう。今のうちに，定着率向上，若者を辞めさせない，育成する，そんな会社作りが必要です。

　なお，「仕事が楽だから」定着率が良い会社も別の意味で要注意です。なぜなら，楽だから定着率がよい，ということは，「変化を嫌う従業員」が多いともいえるからです。何か新しいことをしなければならないときや改革を必要とするときに，変化を嫌うため，反発されたり会社側の提案を聞いてくれなかったりするかもしれません。もし向上心がない人が多い「楽な会社」は，会社が変化をしないといけないタイミングになったときに，対応が難しくなる可能性があります。

　単に定着率がよければよい，というわけではありません。定着率がよい「理由」も大切です。

☞これからは求職者から「選ばれる理由」を持たなければならない

　今後の中小零細企業の人材戦略としては，「若者に選ばれる（応募してもらえる）会社になること，そして定着，育成できる会社になること」が，会社を存続させていく上で非常に重要な取り組みになってきます。

　中小零細企業は，処遇や安定感では，大企業には勝てません。しかし，大企業にはない良さもたくさんあります。実際に大企業から中小零細企業に転職する若者もたくさんいるわけですから，大企業ではできない，若者を引き付ける魅力を打ち出せれば，良い人材は採れるはずです。

　例えば，「うちの会社は，ほとんど辞める人がいない」というメッ

セージを堂々と打ち出せる会社は，採用面で大きな武器となります。「辞める人が少ない」という言葉は，求職者にとってはものすごく大きな安心材料となるのです。

一方，働き手が更に少なくなる中で，定着率が悪い会社は「とりあえず採用する，でも人材としてイマイチ，会社として"辞めてもらってもいいや"となり，また定着率が悪くなる」という悪循環が，今まで以上に経営に悪影響を与えることとなるでしょう。

そうならないためには，「働き続けてもらいたい人材」を採用する力と，「働き続けてもらえる」力を，中小零細企業なりの魅力として，持たなければなりません。

ちなみに，「人が全然来ない」と悩んでいる会社は，「選ばれる理由」が外から見たら全く分からない会社がほとんどです。

「給料が高い」のか，「休みが多い」のか，「ほとんど人が辞めない」のか，とにかく求職者から選ばれる理由が何もない会社は，今後は生き残っていけません。せめて「人がほとんど辞めない」という点については，努力すればなんとかなるケースがほとんどです。

そのPRが最低条件としてできるような，会社づくりをしていく必要があります。

☞ 超高齢社会と同時に進む従業員の高齢化

先程の続きとなりますが，もし，求人を出しても全く若者が来なくなったら，あなたの会社はどうしますか？

どうしても人間は齢をとれば，新しいことをするのが難しくなってきます。20代，30代が欲しいと思って求人を出しても応募してくれるのは60代，70代ばかり（高齢労働者を一概に否定しているわけではありません），そんな時代が近々到来します（地域，業種によってスピードは異なりますが，想定しておくことに損はありません）。新しく年配の方を採用するよりは，今いてくれる従業員を大切にし，求人を出しても

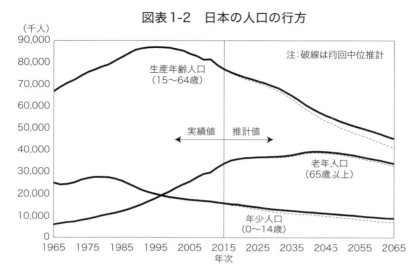

資料出所：国立社会保障・人口問題研究所（平成24年1月）

若い人が応募に全く来ない，という状況に備えてできるだけ長く働いてもらえるような土台を作っておく必要があります。

　図表1-2を見てください。2045年には，2人に1人が65歳以上となります。日本の高齢化に併せて，企業の従業員も高齢化していきます。そして，AIやIT技術の進歩により激しく求められるスキルの変化。この変化についていける意識を，齢を重ねていく従業員にも持ってもらわなければなりません。「変化を嫌い，新しいことはしたくない・できない」という高齢従業員ばかりになってしまっても，もう代わりになってくれる若者は来てくれない（かも）のです。そこを想定して，継続的に従業員を教育していかなければならないのです。

☞これからの経営者の仕事は「資金繰り」と「人繰り」（特に若者）

　中小零細企業経営者の最も重要な役割は資金繰りですが，今後はそこに「人繰り」が入ってきます。特に若者不足は重要な課題となってきま

す。

　今までは，採用された人は「入社させてもらった」というように企業に選ばれる構図でしたが，労働力人口不足，特に若者不足の時代が進むにつれ，今後は企業側の方が「応募してくれた，入社してくれた」と思うような，逆に会社が選ばれる構図に変わっていくことになります（今後ではなく，既にこの時代に突入していると感じている方も相当多いでしょう）。また景気が悪くなると通常，中小零細企業にとって採用面では有利になりますが，今後は，不景気で応募者はたくさん来ても，欲しい年代の人は来ない，という時代になることが予測されます。

　そんな時代を見据え，特に若い世代を「辞めさせない，育てる」という「人繰り」の任務がより重要になってくるのです。

　多少もの足りなさを感じても，長期的に辛抱強く育てていかなければならないのです。

　従って「給料，仕事の内容はなかなか変えられるものではない。だから"人間関係と働き甲斐"で，定着と育成を図っていかなければならない」ということを，中小零細企業の経営者は胸に刻み，人手不足による業績悪化を防ぐ「人繰りの努力」に，本気で取り組んでいく必要があるのです。

2. カギを握るのは「上司のコミュニケーション力」

　当たり前の話ですが，上司と部下の人間関係が良ければ，関係が悪いよりも部下のパフォーマンスは良くなります。結果として上司と部下の良い人間関係（単に仲が良い，というものではない）が，業績を大きく左右します。

　しかし，中小零細企業の場合，新卒採用中心の大企業とはちょっと違った，上司と部下の人間関係形成の難しさがあります。

　まず中小零細企業の場合，入社後に新入社員がまとまって研修を受け

る機会がなく，いきなり現場に放り込まれ，上司と部下の1対1の指導に入る，というパターンが多いのではないかと思います。入社時期がバラバラですので致し方ありません。そして入社後も，技術的研修の場はあっても，「社会人としての基礎研修」はなかなか行われません。

　従って，中小零細企業のリーダーは，「社会人としての常識」も「我が社のルール」も「経営理念」も教えられていない人を，部下として指示，指導していかなければならないのです。

☞ 多様化する職場の人間関係がリーダーを苦しめる

　私は普段の仕事の中で，「従業員インタビュー」を　多くの企業で行わせて頂いています。1対1で，社外の人間である私が，職場の課題や個人の悩みなどを聞かせてもらっています。リーダー職の方々とも，よくお話をさせて頂く機会があるのですが，皆さん，様々な部下に対する悩みを抱えられています。

　例えば‥‥

- 直してほしいことがあるけど，関係が崩れてしまいそうで「言いづらい」
- 年上の部下に対しては，なかなかモノを言いづらい
- 自分自身，人に直してほしいことを言うことが苦手
- いくら注意しても，なかなか直してくれない
- 私を飛び越えて，直接社長に職場の課題や不満を言われてしまう
- 全部丸投げで，責任を負いたがらない
- 注意すると，すぐに「パワハラ」と言われてしまう
- 注意すると，「では辞めます」と，言われてしまう
- 何が不満なのかが分からない。こんなによくしてあげているのに‥‥

その中でも問題だと感じることは，「言いたいことが言いづらい・指導をするのが苦手」という悩みを持たれている方が，非常に多いことです。
　また私もそんな人間の一人なので，お気持ちはよく分かります。
　ある会社の，具体的な体験談を紹介します。
　社長からのこんな相談でした。

【社長の悩み】
『Aさんはリーダーシップを取ることができなくて困っている。休憩時間以外でタバコを吸いに行く人を放置しているし，お客様への言葉遣いがなっていない人も改善させられていないし，とにかく部下に対して甘くて，指導ができていない』
　そこで私が，Aさんにインタビューをさせて頂きました。Aさんのお話はこうです。

【Aさん】
　私が，上司としての役割を果たせていないことは十分に分かっています。タバコを吸いに行く人も，言葉遣いがなかなか直らない人がいるのも，私の力不足で申し訳なく思っています。ただ私はこんなキャラクターだし，人に指導するのが苦手なのです。部下たちに指導はしたのですが，彼らとしては，タバコを吸いに行きやすい職場であることや，フランクにお客様と接することができるこの職場が気に入っていて，ここで働いてくれている要因の一つでもあるので，なかなか強く言えずにいます。
　他にも彼らに指導したいことはたくさんあるのですが，それぞれプライドもあるでしょうから，もし，私が思っていることを伝えれば，間違いなく人間関係が壊れてしまい，良い結果を生まないことがあきらかです。

それに，社長が言えばしぶしぶ言うことを聞きますが，私が同じことを言ったとしても，彼らは私の言うことは聞いてはくれません。納得してくれないのです。
　そんな中，どう彼らを育成すればよいのか，分からないのです。
　しかしそれは上司としては失格で，社長からの私の評価が低いのも，十分納得しています。でも，自分はどうしても指導者という立場が苦手なのです。私もこの職責は嫌なのですが，今の会社の現状では，私しかやれる人間がいないですし‥‥

　Aさんはとても人柄がよく，介護職なのですがプレイヤーとしては大変優秀な方です。でも，「人にモノを言うことが苦手」な性格なのです。ご本人が言われている通り，リーダーシップが苦手で　また本人もそれを望んでいたわけではありませんでした。しかし，人材の限られている中小零細企業で，Aさん以外，リーダーを務められる適任者がいないという，難しい現状がありました。

　新卒一律のスタートラインがあり，先輩後輩の関係，組織図が出来上がっている大企業と異なり，役割分担も権限もぼやっとしている中小零細企業ならではの難しさがあるのです。
　逆の悪いパターンもありますね。職歴が長く突出した実力がある場合，「その人しかできない，その人しか分からない」，という中小零細企業でありがちな状態になってくると，絶大な発言権を握り，組織が硬直してしまうケースです。間違ったリーダーシップを発揮してしまっているリーダーが会社をダメにしているケースも，多く見受けられます。
　会社は，そんな環境を作らない仕組み，またそうなってしまったときに厳しい人事を行えるような仕組みを作っておかなければなりません。

☞ リーダーが苦手な人でもならなければならないリーダー

　人手不足時代においては,「リーダーシップが苦手・リーダーをやるにはまだ力不足」という人でも,リーダーに任命しなければならない,という機会が,どんどん増えていきます。すでにリーダー適任者不足で悩んでいる会社もたくさんあるでしょう。

　またそもそも論として,リーダーになりたがる人が減っています。

　従業員インタビューの際に,会社から将来のリーダーの役割を期待されている社員の方に,「将来,リーダーになっていきたいですか?」と質問をすると,いかにリーダー志望の若者が少ないことか‥‥。ほとんどの若者が「リーダーにはなりたいとは思わないです」と回答してきます。よきリーダーがいなければ強い会社は作れません。リーダーになりたがる人がどんどん少なくなっている。リーダーになれる人材はほとんど大企業に持っていかれていく。そんな現状の中,会社としてリーダーがリーダーとして活躍しやすい環境を,または間違ったリーダーシップをとってしまうリーダーを生まない環境を,作っていく必要があるのです。

☞ 指導しやすい「環境」を,会社が作る

　「上司なのだから,部下を指導,育成しなさい!」とリーダーに指示しても,会社として十分な育成体制が取れていない場合は,個人にその責任がすべてのしかかり,「上司の個の力」に頼ることになってしまいます。力のある方であればよいのですが,全てのリーダーがその個の力を持っているとは限りません。

　そもそも上司役・リーダー役をつとめるのは,とても難しいのです。

　だから会社として,「リーダー・上司が部下を指導しやすい環境」を作る必要があるのです。

　また逆に,「間違ったリーダーシップを防止する環境」を作る必要があるのです。任せすぎてはいけません。

では，どうすればよいのか？
そこで，評価のフィードバック面談に重点を置いた，本書のテーマである『対話式評価制度』の登場です。
ちなみに先程の事例で紹介させて頂いたAさんも，対話式評価制度の導入により，「言いたいことが伝えやすくなった」と，徐々にリーダーシップを発揮することができるようになりました。

☞「対話式評価制度」とは？
具体的には，以下の3つの取り組みを行います。

①自社の大切にすべき行動，常識，目標を，オリジナルの評価シートに落とし込む
　　（まずはリーダー育成から。リーダー用評価シートから作ります）
　→「大切なこと，社員に期待することを，評価シートを通して明確に伝える場を作る」

②評価シートを活用した面談で，目標の合意形成を図る
　→「社長，上司と部下との間で，目標を共有する場を作る」

③評価をして，振り返る。
　→「過去を振り返り，褒めるべき点，改善すべき点を，明確に伝える場を作る」

つまり簡単にいうと，「コミュニケーションを取りましょう。そのための環境を作りましょう」という，ごく当たり前で，単純なことです。
しかし単純なことが出来なければ，評価制度はうまく機能しません。そして多くの会社が，この単純なことが，できていません。まずはこれら一連の流れを通じてリーダーが指導しやすい環境を仕組み化するの

が，対話式評価制度なのです。

　一般的に評価制度の目的は，「公平な評価を目指し，実力に応じた賃金を導き出し，従業員のモチベーションアップと人材を育成すること」にあります。

　対話式評価制度もその目的に違いはありませんし，要素として取り入れてはいますが，**一番重要としているのが，公平な処遇の決め方でも正確な評価でもなく，「フィードバック面談（評価についての評価者と被評価者との面談のこと）」にある**点が，一般的な評価制度の目的と異なっている点です。

　もう一つ違う点は，通常，会社が取り入れている評価制度は，**評価者であるリーダーはリーダーシップが取れて仕事もできる人で，その仕事ができる人が部下を評価する**，という前提の基に設計されていますが，私が多くの企業を訪問させて頂いた経験から，**まずそのリーダー（上司・評価者）自体がリーダーとして役割を果たせていないことが多い**ことから，まずはリーダーの育成体制から始めるべき，と考えています。

　そのため，評価シートも，まずはリーダー用から作り始めていきます。

　まずは「リーダーづくり」から。

　また，今はリーダー達が立派に役割を機能してくれている会社であっても，将来，若者にリーダー役を任せるとなると，従業員の高齢化により，「年上の部下を指導できるリーダー」を育てていかなければならなくなってくるでしょう。もし，今は個人の力量によりうまくいっている，という会社は，更に良いリーダーが生み出せるような仕組みが必要です。

　後に出てきますが，改まった面談の場で，「評価を伝える，褒める，指導をする」というフィードバック面談は，（現時点のレベルにもよりますが）確実に良いリーダーシップを育んでくれます。

　そして，それができているかどうか，社長クラスの人材がリーダーを評価する仕組みも設けるのです。

3. 評価は，「よい面談」を行うためのツールにすぎない

☞「よい面談」が出来ている会社は，強い。

　本書を通じてお伝えしたいことの結論を述べさせて頂きます。

　それは，「上司と部下で，面談制度を設けてください」という，いたってシンプルな内容です。

　会社規模が小さければ社長と社員，社長が一人ひとり見きれない規模であれば，「社長とリーダー⇨リーダーと部下」という，階層ごとの面談制度です。

　ここでいう「面談」というのは，労働条件などを決める契約更改のような面談ではありません。また，単に課題だけを伝えるような面談でもありません。

　面談の結果，「結果を出せる社員・成長する社員・辞めない社員」が，増えていくような面談です。結果にこだわってください（この結果が伴う面談を，「よい面談」とこの後，呼んでいきます）。

　そして，対話式評価制度というのは，この結果に導く面談を行うための，ツールにしかすぎません。

　私の感覚になってしまいますが，「よい面談」が行えている会社は，とても強い会社（社員のモチベーションが高く，業績も順調）です。また「よい面談」に取り組み，それが出来始めている会社は，とても強い会社になっていっています。

　多くの会社を見させて頂いている経験から，中小零細企業では，なかなか「よい面談」ができている会社は少ないです。面談すらやっていない会社も，かなりの割合であります。多くの会社が，「面談」を行う意義を感じられていなかったり，やり方が間違っているがために面談の効果が出ていなかったりしているようです。

　では，社員に成長してもらうための「よい面談」というのは，どうすればできるのでしょうか？

☞「よい面談」とは？

　私の経験談ですが，私が以前勤めていた会社は，十数名規模の零細企業でした。社長との距離は近く，直接指示は受けるし，よく怒られるし，新年会やら忘年会やら歓送迎会やら，社長が中心になってみんなで食事に行く機会も結構ありました。

　しかし，「改まった面談の場」といえば，翌年の契約更改のときだけでした。常々当時の私が感じていたのは，「会社は何を目指しているのかな？　社長自身は，普段どんな仕事をしていて，どう会社に貢献しているのかな？　私はどう評価されているのかな？　今のままでいいのかな？　機嫌が悪いけど，自分のせいなのかな？」とか，とにかく社長の考えがしょっちゅう話をするにもかかわらず，よく分かりませんでした。

　呼び出されるとしたら怒られることしかありませんでしたので，「自分に対してたくさん不満を持っているんだろうな，自分としては，社長の知らないところでこれだけ頑張っているのにな‥‥」と，モチベーションが上がらずに苦しんでいました。

　しかしあるとき，たまたま社長と二人で飲みに行く機会がありました。社長は私に，「お前は不器用で口下手でミスも多いけれど，コツコツ地味に努力していくことが出来る男だ。そこは本当に偉いと思っているんだ。俺は短気だからつい怒ってばかりになってしまうけど，お前は大事な社員だよ」と褒めてくれたのです。

　今でもそれは強烈に覚えていて，その社長からかけてもらった言葉が，今の自分の一部になっていると思っています。

　今思えば，たまたまできた，「よい面談」だったのだと思います。事実，私のモチベーションはその瞬間から一気にアップして，テレアポ件数が増えて営業成績も上がったのですから。

　そして，もし，定期的にそのような機会があれば，もっと社長の事を理解できたと思いますし，結局退職するまで怖くて社長には何もモノを言えませんでしたが，もっと改まった時間で話す機会があれば，色々意

見も相談もできたのではないかと思います。
　「よい面談とは？」というテーマに戻りますが，それは，「結果として社員が成長する内容の面談」のことを言います。
　そして自然とそれができている会社，リーダーもいますが，それは少数派。
　そこで対話式評価制度を活用し，

・定期的な面談のスケジュールを設け，必ず面談を行う
・面談の内容を作り上げるために，評価をする
・面談のスキルをリーダーが身に付け，「よい面談」が行われ続ける会社にする

　結果として，よい会社になる，となっていければと思っています。
　事実，よい面談の実現で，定着率，社員の成長に大きく役立った会社が多数，あるのです。
　評価制度は，よい面談を行うための材料にすぎません。
　やろうと思えば必ずできる内容ですし，現時点での会社の状況にもよりますが，続けていければ必ず効果が出てきます。
　そして，効果を出すためには，まずはリーダーに頑張ってもらわなければなりません。
　続く第2章では，人事評価制度の基本的な内容から，まずはリーダー育成から始めていくという，対話式評価制度の考え方について，もっと掘り下げて，述べていきます。

第2章 対話式評価制度の考え方

　対話式評価制度の構築方法，そのステップについては次の章で詳しく解説していきますが，まずはその前に，一般的に「人事評価制度とはどういうものか？」ということを確認することから，簡単に見ていきましょう。

1. 人事評価制度とは？

☞人事評価制度とは？

　一般的には「評価制度」「等級制度」「賃金制度」の3つで構成され，総称して「人事評価制度」といいます。呼び方は様々で，「人事・賃金評価制度」とか単に「人事制度」などと呼ばれることもあります。

☞人事評価制度の全体像イメージ

① 評価制度

　まず「人事評価」とは，従業員の能力や成績，担当している役割などについて評価をする事を言います。一般的には会社が作成した評価シートに基づき，直属の上司が一次評価者として評価をし，二次評価者が一次評価者の評価についてチェックをし，最終評価者が対象者の評価を決定する，というものです。最終的に例えば『S・A・B+・B・B-・C・D』などのような形で，評価が決定します。一次評価者，二次評価者などのステップは会社規模によりそれぞれで，人数の少ない会社の場合は社長が一次評価者でもあり最終評価者にもなる，ということもあります。

そして，その評価結果を基に昇給やボーナス査定，役職の昇格など，処遇に反映させます。一般的には，半年ごとの年2回，評価を行っている会社が多いようです。

なお，「人事考課」という言葉もありますが，一般的には人事評価と同じ意味合いとして捉えられています。会社によって表現の仕方は様々ですが，どちらかというと昇進や賃金を決定するための査定を目的としたものを，「考課」と表現して使われています。本書では「評価」という表現を用いています。

② 等級制度

通常，会社組織では社長，部長，課長，係長，といったような，ピラミッド組織図があります。

等級制度というのは，その組織内での等級と，その等級ごとにどのような役割が求められるのか，どのような能力が必要なのかを示す制度です。例えば1等級は新人レベル，2等級は初級レベル‥‥4等級は係長，課長レベルで，このクラスでは部下を統括，指導する役割があり，‥‥といったようなイメージです。役職と等級がリンクしている役職等級制度を取っている会社もあれば，役割と結びつけている役割等級制度を取っている会社もあったりと，その姿は会社ごとに様々です。

後ほど，「等級基準表」を用いた解説として，具体例が出てきます。

③ 賃金制度

賃金やボーナスなどを決定する制度の事です。「評価」と「等級」を通じて査定された評価などによって，賃金やボーナスが決まります。

これら3つの制度が関連し合う，評価・給与・昇格などの社内の仕組みを「人事評価制度」と言います。

図表2-1　人事評価制度の全体イメージ

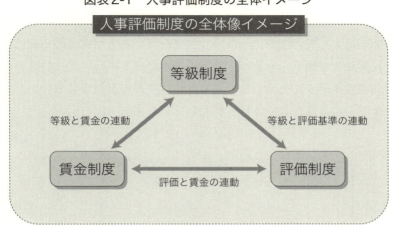

2.中小零細企業が取り組むべき「人事評価制度」とは？

「やってもやらなくても評価もされず，給料は変わらない」では，当然社員のモチベーションが落ちてしまうので，制度としてであれ，社長の頭の中であれ，何かしらの形でどの会社も評価という概念があるはずです。

従業員が多い組織であると，一定のルールの下で評価を出して，処遇もルールに基づき決めていきましょう，という制度がなければ社員の不満が噴出してしまうので，100名規模以上となってくるとほとんどの会社で，評価制度を取り入れています。むしろ，なくてはならないものと言えるでしょう。

☞「評価」は本当に難しい

人事評価制度の目的は，主に以下の3点です。
①昇給額やボーナスを決めるため
②昇格などの判断材料にするため

③人材育成のため

　③の補足としてですが，一般的な評価を用いた人材育成の方法としては，従業員を評価し，やるべきこと，できたことについて，自己評価と上司評価のギャップを話し合い，もしくは今後の目標を話し合い，成長につなげていこう，という形で使われています。

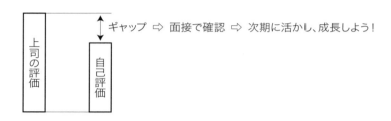

　しかし，評価制度の運用は実際には難しく，「うちの評価制度はすごくよくできていて，運用もバッチリできている」という会社は，ごく少数派ではないでしょうか。数字で評価できる営業職であればともかく，数字での評価が難しい職種の場合，「人が人を公平に評価する」ということは，とても難しい，というより不可能なのです。経営者も社員も全員が納得する評価制度など，この世には存在しないのです。それでも，やはり「頑張った人を評価する」ことは，必要です。

　ちょっと話はそれますが，ここからは私の経験談です。
　私は仕事柄，多くの企業で人事労務相談をさせて頂いているのですが，「評価制度を導入したい」という相談は非常に多く，実際に多くの中小零細企業の評価制度構築に携わらせて頂きました。しかし大変恥ずかしながら，制度構築はできて初回はスタートできたものの，2回目，3回目と回を重ねるうち，「忙しくて，今期は評価できなかった」という，継続できなかった企業が多く出てしまいました。

また同じように,「コンサルティング会社に作ってもらった評価制度があるけれど,全然活用できていない」という企業も,たくさん見てきました。
　このことから,会社により差こそあれ,多くの場合「必要性は感じつつも,業務の優先順位としては後回しになる。なければないでも,すぐには困らない」程度のものである,ということが分かります。
　「正しい評価をして,能力や貢献度に見合った給料を決めたいので評価は必要だ。でも,人を評価して点数を出すのは実際難しい。やったらやったで評価結果に不満を持つ人が沢山出てしまう,困った‥‥」こんな会社が多いのではないでしょうか。
　特に評価者となるリーダーが複数名いる場合は,評価制度の難易度はグッと上がります。評価者が複数名いる場合の会社で,「うちの評価制度は,とてもうまくいっている!」という会社には,なくはないですがあまり出会ったことがありません。
　色々な価値観,甘い人辛い人,様々な評価者がいるわけですので,評価制度は本当に難しいのです。
　そして,評価制度がうまくいっていない会社には,いくつかの共通点があります。

☞ **評価制度が継続できない・うまくいっていない企業の共通点**
　継続できなかった企業,うまくいっていない企業の主な共通点は,私が思うに,以下の通りです。

①責任者がいない
　(評価制度運用を先導できるリーダーがいない)

②評価者研修ができていない
　(評価者ごとに基準がバラバラ。甘い人,辛い人,ほとんど真ん中を

選ぶ人）

③評価のフィードバック面談ができていない
　（人材育成・定着率向上の仕組みが会社としてできていない）

④フィードバック面談は行っているが，やり方が間違っている
　（面談スキルが評価者にない）
※フィードバック面談というのは，評価した結果，できたこと，できなかったこと等についてを評価者（上司）が被評価者（部下）へフィードバックする面談のことを言います。

⑤上司（評価者）と部下（被評価者）の信頼関係が出来ていない

⑥経営者と従業員（リーダーも含む）の信頼関係が出来ていない

　つまりは，評価者となる「リーダーの力」が，大きく左右されるのです。
　評価制度を意義ある存在にするためには，優れたリーダーの存在が必要なのです。

☞ まずは評価者となるリーダーを育てることから始める
　もし，あなたの会社で以下のような課題を抱えられているようであれば，「リーダーを育成するための環境づくり」にすぐに取り組む必要があります。

・退職者が多い
・現場のトラブルは，社長自らが出ていくことがほとんど
・社長が理念や会社の夢を語っても，独り言みたい（響かない）

- リーダーがプレイヤーとして目の前の仕事に忙殺されていて、マネージャーの仕事ができていない
- リーダーと部下の信頼関係が築けていないペアが多い
- リーダーが部下に適切な指導が出来ていない。部下が輝けていない、伸びない
- リーダーの中でも、力量に差がある

　これらの事象があるとしたら、おそらく「コミュニケーション体制」ができていないことが原因かもしれません。ここでいうコミュニケーションというのは、単に仲良くお話ができる、ということではありません。上司と部下の仲が良くても、一緒になって会社の陰口をたたいてしまっているような場合は、上司としてのコミュニケーション力は当然不合格です。必要なのは、「仕事の品質を上げるためのコミュニケーション体制」です。
　そしてそんな会社のリーダーには、以下のようになってもらう必要があります。

- リーダー自らが、会社から期待されている役割を理解し、行動する
- 部下を公正に評価することができる
- 部下と一緒になって会社の陰口をたたかない
- 部下の悩みや不満を認識しておく
- 部下を上手に褒め、モチベーションを上げてあげる
- 部下の役割を明示し、理解させる
- 部署のビジョン・目標を明示し、理解させる
- 部下に直してほしい短所を伝え、改善させる
- 部下との間で、目指してほしい目標についての合意を形成させる

　しかし、いきなりこれらのことをリーダーに「これがリーダーの仕事

だ。しっかりやるように！」と言っても，すぐにできることではありません。そこで会社の方で，これらの作業を後押しする環境づくりを行うのが，本書のテーマ「対話式評価制度」の目的でもあります。

「リーダーが成長し，リーダー（上司）が経営者と一体になって部下を指導，育成できるような環境づくり」を，目指していきます。

具体的には，以下のことに取り組んでいきます。

①リーダー達と経営者が共同作業で，評価シートを作成する
②会社の目標，各自の役割や，社員のキャリアアップを明確にした人事制度を作る
③「フィードバック面談」のしくみをつくり，上司と部下相方が成長できるコミュニケーション体制を作る
④評価制度ルールブックを作る（「補論」にて事例を紹介します）

これらのステップについては，次章「制度構築編」で詳しく述べていくこととします。

☞ **最も重要なポイントは「フィードバック面談」**

対話式評価制度では，リーダー力を発揮する場面であるフィードバック面談を，最も重視しています。

先程も述べましたが，評価制度がなくても経営は続けられますし，明日明後日，困る問題ではありません。

しかし，長い目で見ると，「評価をする。面談をする。そこで従業員を褒める。励ます。課題を指摘し，指導する。会社の課題に対する意見具申を出させる。不満や悩みを聞く」

これらのことが従業員との間で行われないと，結果として退職者を増やす，労使トラブルが起きる，従業員のモチベーションが下がる，など

徐々に業績に悪影響を与えていくことになります。

　当然といえば当然ですが，社長とリーダーが良好な関係でいて，そのリーダーも部下たちから慕われている部署は，社員たちも力を発揮してくれます。

　逆に文句があるときにリーダーを飛ばして社長に直接ぶつかってきてしまうような状態は，よい組織とは言えません。また別のパターンで，社長とリーダーはうまくいっていても，リーダーと部下との心が離れていれば，社長・リーダーVS部下，となり，これも悪い状態です。もう一つ，社長VSリーダー・部下，というように，部下と一緒になってリーダーが会社の陰口をたたいている状態も，悪い組織状態です。

　社長→リーダー→部下‥‥という流れで良好な関係を築ける環境を作っていきましょう。

☞ 中小零細企業が取り組むべき評価制度とは

　なるべく公平な評価を目指すことも，社員の納得を求めるのも，ある程度は重要です。しかし，そこを目指すには限界があります。また，評価の良し悪しで給料に差を付けようにも，一般的に資金力に乏しい中小零細企業では，ここも限界があります。

　むしろ最大の目的を「従業員の定着，育成」とし，そのためには良い人間関係と働き甲斐，ここを評価制度で追及していく必要があるのではないでしょうか。

　そして対話式評価制度においては，まさにその点を最大の目的としています。

　とてもシンプルですが，「定着，育成」のために，しっかりと「仕事の品質を上げるためのコミュニケーション」を取りましょう，ということです。

　仕事の品質を上げるためには良きリーダーが必要です。良きリーダーが部下を評価し，しっかりとフィードバック面談を行って良いコミュニ

ケーションを取れる会社を作っていきましょう！

　さきほども出てきましたが，これからの中小零細企業は「人繰り」が大切です。

　本気で「人」に向き合わなければ，今後の中小零細企業は，生き残れなくなります。

　会社が生き残るためにも，従業員を大事にしましょう。そして，どの従業員にも「課題」があります。その課題に対し，会社と従業員が素直に向き合える関係性を築いていきましょう。

3. 評価制度を導入する前に，人間関係の健康診断をする

　中小零細企業が目指すべき評価制度は，「定着，育成」という目的を重視すべし，そして，そのためには面談が重要である，という話をさせて頂きました。そこを目的としてみると，まず考える必要があるのが，「上司と部下の人間関係」です。

☞「上司との信頼関係」がなければ評価制度はうまくいかない

　ある会社の人事，賃金制度に携わらせて頂いたときの経験談です。

　その会社は店舗ビジネスで，複数の店舗展開をしている会社でした。

　大幅な評価・賃金制度の改定ということもあり，全従業員に対し店長の部，一般職の部と2回に分けて1回2時間もかけての，大々的な説明会を行いました。その改定の内容は，評価制度がないことに対する従業員の不満からスタートしたことと，また処遇については給与が下がる人は皆無，多くの従業員の給与が上がる，これからも評価が良ければ上がっていく，という，従業員にとっては最高に喜ばしい改定のはず‥‥でした。

　ところが‥‥一般職の部のとき，たまたま休憩中に階段の踊り場で私が一息ついていたところ，従業員同士のこんな会話を聞いてしまい，愕

然としてしまいました。

「俺たちにも店長の評価をさせろってんだよ。店長から評価されるなんてまっぴらだよ」
「大体，店長達が一番仕事してないじゃん。上の人間はそれを分かってないですよね」
「うちの店では店長が一番接客が下手なのに，そいつから俺が接客の評価されなきゃいけないんでしょ？ ふざけんなよ」
「うちのお店の店長も，社長がいるときといないとき，明らかに仕事の仕方が違いますよ。店長は社長からは評価いいみたいですけど，普段の姿を見てないからですよね。評価制度じゃなくて通告制度にすればいいのに」
‥‥

そのとき，恥ずかしながら私は初めて，こんな当たり前のことに気付いたのです。

『尊敬していない上司から評価されても，人は納得しない』

この苦い経験を活かし，今では取りかかる前に現場のヒアリングなどを通じて上司と部下の人間関係の健康診断をするようにしています。
　今ある評価制度を見直す前に，もしくは評価制度をこれから取り入れる前に，まずは上司が部下を評価すること自体に，問題がない状況かどうかを確認することが大切だと，痛感した体験でした。上司と部下の信頼関係なくして，評価は意味をなさないのです。

☞ 部下が上司に求めているのは，こんなこと
　私たちの会社ではこれまで，数十社300名以上の従業員の立場の方々

と面談をしてきました。
　その中から，「部下が上司に求めていること」を箇条書きにしてみると，主に以下の意見が多いようです。

- プレイヤーとして仕事も自分たちの見本のごとくこなすことができること
- マネージャーとしてリーダーシップを発揮すること
- 仕事を丸投げしないこと（頼んだら責任を持つこと）
- 皆が嫌がる仕事は，まず自分から行うこと
- 褒め上手で，自分の事をよく見てくれていること
- 叱る時の言葉遣いが上手であること
- 自分の事をよく理解してくれていて意見を聴いてくれること
- 約束を守ること，忘れないこと
- 有言実行であること
- （社長でない場合）社長に対しても自分たちに代わって意見を言えること
- 優柔不断でなく，決断できること
- 口に出したことを忘れないこと
- 誰よりも長い時間働き，誰よりも頑張っていること
- 常識があること（常識は人それぞれなので非常に難しい‥‥）

　また，特によく聞く不満は，以下の内容です。

- 上司は仕事ができない
- 楽をしたがる
- 仕事は部下に丸投げ
- 自分の手柄にしてしまう
- 責任を部下に押し付ける

・何をしているのか分からない，暇そう
・公平に取り扱ってくれない
・社長の言いなり，社長には何も言えない人

　では，これらのことを全て網羅することが出来る人が，いるのでしょうか？　いえ，いるわけがありません。
　私が思うに，問題の本質は，どこかが欠落していることによってそもそも人間としてリスペクトできなくなったとき，そこに追い打ちをかけてよいコミュニケーションがとれていないとき，部下の上司に対する要求や不満がどんどんエスカレートしていくのです。

　とにかく会社としては，上司が部下を評価や指導したときに，「説得力があるかどうか」を注視してください。まずはそこがスタートです。

☞コミュニケーション不足により起こるすれ違い

　相性の問題など，どうにもならないことも正直，多くあるのですが，コミュニケーション不足が原因の場合も，多々あります。
　例えばよくあるパターンとして，「任せる，任せられる」のすれ違いです。
　仕事を部下に任せたときの場面で起こるケースです。上司としては「信じて任せている。主体性をもってやってもらいたい」と思っているが，部下としては「丸投げで自分では何もやらない」と感じてしまっている，そんなケースも，コミュニケーション不足によるすれ違いでしょう。部下の心を読み取れなかった，上司の責任です（図表2-2）。
　しかし人間は完璧ではありません。いくら優秀な上司や経営者だって，普段の見た目では気づかないことが沢山あります。「なぜ，あの人は辞めてしまったのだろう？」という人がいたら，その状況は要注意。評価制度を導入するよりも前に，まずは職場の問題点を知ることから始

めてください。

　退職の理由は，いつの時代でも「人間関係」がトップです。大企業は定期的な人事異動がありますが，異動先の少ない（もしくは全く無い）中小零細企業では，とくに上司への不満は致命的です。いくら給料を上げても，人は育たないし退職者も減りません。

☞ リーダーが経営的視点を持っていない場合も要注意
　上司と部下の関係は良好であっても，経営的視点を持てない人がリーダーになった場合は最悪です。「上司・部下 vs 経営者」という構図です。

　評価者たる上司が経営的視点を持ってくれないと，つい会社と対立しがちです。そうなると「会社側が悪」ということを普段から部下に教育をしてしまっているわけですので，職場が良くなるはずがありません。

　会社に対する不満は誰にでもあるでしょうが，それを部下と一緒になって盛り上がってしまっている状況の場合も，評価制度はスタートしない方がよいでしょう。

　しかし実際，現場を回っているとこの状態になっている会社が非常に

図表2-2　丸投げと言われてしまう上司

リーダー	部下
（例） 部下を信じて任せている その方がやりやすいだろう 分からないことがあれば聞きにくれば教える	（例） 丸投げで、何もやってくれない 教えてくれない 現場の事を分かってくれない

上司の考えを理解していないがために起こる不満。
定期的に「お互いに気づいていないこと」について話し合わないと、理解し合えず良い関係が構築できない。

多いのです。

　この場合，社長はリーダー達を責めてはいけません。原因は社長（会社）にあります。もちろん，社長の言い分もあるでしょうが，そこでリーダー達を責めても嘆いても何も始まらないし，良い結果には結びつきません。まずは社長自身，何が自分に足りていないのか，自問自答してみましょう。

☞ まずは社長がリーダーを評価することから始める
　リーダー，上司の役割は，「部下を活躍させること」です。そのためには，上司が発する言葉に「納得させる力」がなければなりません。いくら口頭で注意指導しても，結局人は納得なしには動かないのです。もし，あなたの会社の評価者となるべきリーダーに「納得させる力」がないのであれば，評価制度はうまくいきません。まずはリーダー達を育てることから始めましょう。

　一般的に評価制度を導入する場合，「リーダーが部下を評価する」という形でスタートしますが，そうではなく，**まずはリーダーのみに対する評価制度（社長がリーダーを評価する）からスタートする**，ということを検討してみても良いと思います。

　よく「うちのリーダー達が一次評価者になるのは（スキル的に）無理だな‥‥」とおっしゃる経営者がいますが，そういう場合こそ，リーダーのみに評価とフィードバック面談を取り入れることを検討してもらいたいと思います。リーダーの成長なくして，従業員全体の成長はありません。

　リーダー自身が評価を受け，フィードバックの面談を受けることで，自身が評価者となるとき，必ずその経験が活きてくるはずです。

4. 対話式評価制度が目指す結果目標

☞ 対話式評価制度が目指す３つの結果

　労働力人口激減時代へ向けて，定着率の向上，長く戦力になる人材の育成，そしてそのためには上司（リーダー）の育成が大事，というお話をさせて頂きましたが，具体的に目指す結果は，以下の３点です。

① 求職者が来なくなる時代を見据え，定着率の高い職場を作る

　もし，あたなの会社の定着率があまりよくないのであれば，「去る者追わず」のスタイルを改め，「去られない職場」にしておく必要があります。地域や業種によって差はありますが，いずれ「どうすれば辞められないか？」を本気で考えなければならない時代が来ることを考えると，早いうちに取り組んでおくことに越したことはありません。そのためには，経営者は「従業員の目線」に合わせなければならないと考えています。

　「職場に合わない人は辞めていく」というのは，今まではそのスタンスでよかったのかもしれませんが，「どういう職場が従業員にとって働きやすいのか？ 頑張りたいと思えるのか？ やる気がないのはなぜか？ 成長しないのはなぜか？」対話を通じて経営者自身が勉強をし，時には譲歩をし，時には経営者自らの考え方や価値観を改めていかなければ，時代の変化についていけなくなってしまいます。従業員の育て方も近代化を図っていく必要があります。本書のテーマである対話式評価制度は，その手段の一つです。

② こまめな面談を通じ，変化に耐えられる従業員を育てる

　今後，AI化が進み，仕事の内容に大きな変革が訪れることになります（図表2-3）。

　よく，「年配のベテラン社員はパソコンが使えなくて‥‥いくら言っ

図表2-3　AI化 政府の予想

> 政府は、こう予測しています。

【90％以上の確率で消える仕事リスト】
タクシードライバー
銀行の融資担当者
電話オペレーター
レジ係
ネイリスト
弁護士（新しい分野に取り組んだ人は除く）
ホテルの受付
税務申告の代行者
簿記・会計の事務員
不動産ブローカー
動物のブリーダー
時計修理屋
図書館の補助員
塗装・壁紙張り
造園・用地管理の作業員

> なんと、今後10年〜20年で、47％の日本人の仕事が、コンピューター化されてなくなるそうです‥‥

ても学ぼうとしないのです」という悩みを耳にしますが、年配の方でもパソコン操作を覚えてしっかりと業務ができている人は大勢います。できない人というのは、変化を嫌い新しいことを身に付けようという気持ちがないだけです。今はまだ若い人たちに支えられて何とかなっていますが、高齢従業員だらけの職場になっていくことを考えると、変化に対応できない人だらけの職場は間違いなく戦力ダウンするし新しい人が入ってきてもレベルの低さに職場を去られてしまうかもしれません。

　しかし、一般的に従業員は目先の仕事に精一杯で、「5年後には私の仕事はなくなるから、今から●●の勉強をしておこう」という人はごく少数でしょう。

　そこで評価を用い、面談（教育の場）を設け、その中で「変化が必要です、時代はどんどん変わってきています。我が社ではこのような変化を必要としています」と、変化する必要性を訴え続けていくことが必要です。全体ミーティングで伝え続けるのもいいですが、個別で伝えると

より強く伝わります。

　常に変化に耐えてくれる従業員になってもらうためにも，評価シートの内容を都度ブラッシュアップすることで，常に変化していくことの必要性を理解してもらい，こまめな定期面談を通じて，会社の近代化を維持していきます。

③ 目先の業績アップ

　退職者が多い職場の特徴は，「退職者が多いことに危機感を持っていない」という共通点があります。募集すれば人は来るので「去る者追わず」でよりよい人材を採れれば‥‥といったところですが，若くて優秀な人材はどんどん応募が少なくなってきます。採用コストもバカになりません。「仮に優秀でなくても真面目に長く働いてくれる従業員を大切に」できる会社が，結果的に優秀な人材を得ることが多々あります。また，その流れができている会社の特徴は，やはり良いリーダー（上司）がいます。

　「評価制度でリーダーを育てる」，それができていれば，必ず目先の業績も上がるはずです。そして長期的に見れば，大きな会社力の差になってきます。そして事実，私の携わらせて頂いた会社で，人手不足と離職率の高さで悩んでいた会社が，対話式評価制度を取り入れたことによって，「リーダーが育った⇨退職者が減った⇨採用で，選べるようになった（今まではほぼ全員採用のため，質が悪かった）⇨更に退職者が減った⇨人手不足解消により現場の負担が減った⇨更に退職者が減った⇨採用コストが大幅に減った⇨業績アップ」という流れが出来ている会社が出てきているのです（図表2-4）。

　まずは評価制度を通じ，リーダーを育てる，そこからスタートしましょう。

　以上の3つの結果を目指すことを目標として，第3章「構築編」，第4章「フィードバック面談編」と，対話式評価制度の仕組みについて，進

んでいきたいと思います。

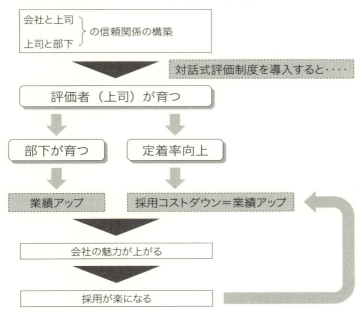

図表2-4　リーダーが育てば業績が上がる

第3章 対話式評価制度【構築編】

　ではいよいよ，対話式評価制度の構築について話していきたいと思います。

　まず，そもそも論として，評価制度については，「このやり方が一番正しい」という正解はありません。業種，職種，従業員規模，会社の歴史，風土，そして何より社長の考え方などにより，「会社ごとに合ったやり方」というものは変わってきます。

　したがって，このあと，7つのステップで対話式評価制度の構築方法について述べていきますが，自社風にアレンジをしても結構ですし，「ここはもうできている，ここはうちの会社と考え方が違うな」などと思うところがあるかと思います。

　基本となる構築の仕方を解説していきますが，現状の会社の評価制度との比較や従業員のレベル感に合わせて参考になる箇所を拾い，結果として評価についての会社と従業員との対話がしっかりとできる組織づくりに役立てて頂ければと思います。

　では，順に解説していきます。

STEP1.一次評価者への説明・意見聴取・ディスカッション
〜「なぜ必要か？ 何をしてほしいか」をリーダーに伝える〜

☞一次評価者への説明

　対話式評価制度で大事なことは，「しっかりとフィードバック面談を行える」土台を作ることです。そのためには，なぜ会社は評価制度を作

ろうとしているのか（または見直そうとしているのか），趣旨を理解してもらわなければなりません。

そのために，一次評価者となるメンバーを集めて，

①「なぜやるのか？」
②「どういうことをやろうとしているのか？」
③「何をしてほしいか？」

を説明し，協力体制を取ってもらうようにします。

なるべく書面で，一次評価者となるリーダー達に目的を理解してもらえるよう，説明しましょう。

そして第2章でも述べたように，まずは将来，一次評価者となるべきリーダーの評価から，スタートすることをお勧めします。

もちろん，一次評価者が部下を評価するという形と，同時進行でも構いません。

いずれにせよ，社長がリーダーを評価する，ということは必ず行います。

****

ある会社のリーダーへの説明文書の例

1.なぜ，評価制度を取り入れるのか

我が社は，現状では社員を育成する体制が整っておらず，そのためモチベーションが低い社員がいたり，反抗的な社員や退職者も多かったりと，なかなか戦力が安定していない状態です。

そのための解決策として「成長したい人が成長できる会社」を作っていくために，評価制度を導入しようと考えています。

しかし，人が人を評価するのは難しく，また皆さんも慣れていないでしょうから，まず，社長がリーダーである皆さんを評価するというとこ

ろからスタートし，評価制度を体験することから一歩を踏み出したいと思います。

現状の課題や解決策は，以下の通りです。

課題（想定も含む）	課題の解決策
何を評価するべきで，現在どう評価されているのか，上司も従業員も分かっていない	評価シートの作成
どのような基準で給料が決まっているのか分からない，やってもやらなくても，給料に差が出ていないようでモチベーションが上がらない	評価と評価に応じた給与体系の整備
退職者が多い	こまめな面談をすることでコミュニケーションを図る
頑張ったことを振り返るフィードバック面談ができていない・褒められることがなく，モチベーションが下がっている	フィードバック面談で，頑張ってくれたことを振り返り，褒める機会を設ける
（導入したら）評価者によって，評価の仕方がバラバラになりそう	評価制度説明資料を分かりやすく作り，人事評価者研修を行う

2. どういうことをやろうとしているのか？

会社が，社員の頑張りのどういう点を評価するのか，まずは評価シートを作ります。

そして上司が部下を評価することで，褒めてあげること，頑張ってほしいことなど，部下に伝えることを整理してもらいます。

そして面談の場で，部下を褒め，もっと頑張ってほしいことや職場の課題などを話し合ってもらう時間を作ってもらいます。

3. 導入後，一次評価者となる皆さんにお願いしたいこと

①部署の目標を部下に伝えてください。

②そのために，何が大切なのかが評価シートに載っているということを伝えてください。

③部下をしっかりと見て，評価をしてください。

④評価結果を面談でフィードバックしてください。
　褒める，課題を話し合う，指導する，時期の目標を与える，などを行ってください。

⑤結果として，部下を育成してください。

● 会社は，評価に応じた処遇や，評価結果についての面談を通じての人材育成，そして結果として業績UPへとつなげ，もっといい会社にしていくために，今回，このような評価制度導入を決定しました。
　　しっかりと効果を上げていくためには，将来的に評価者となって頂く皆さんの理解と協力が必要です。
　　そのため，忌憚なくご意見を伺えればと思います。ご協力をお願いします。

＊＊＊＊＊＊＊＊＊＊＊＊＊＊＊＊＊＊＊＊＊＊＊＊＊＊＊＊

　制度見直しの場合は，改めて現状の問題点や今後の改定点について，目的や趣旨も含めて説明をしておきましょう。

☞ ディスカッションも行ってみる
　もし一次評価者が集まれるのであれば，ぜひグループディスカッションも行ってみてください。人数が多い場合はいくつかのグループに分かれて，逆に少ない場合は社長が議長となって会議形式で行います。
　評価制度を活かすものにするためには，特に評価者となるリーダーの理解と協力・共感が不可欠です。そのリーダーが評価制度に対する理解がなかったり，やらされ感たっぷりで行っても，当然「活きる制度」にはなりません。

トップダウンで取り組むよりは，「一緒にやっていこう」というスタンスで進めていきます。

　また，これもリーダーたちの成熟度によりますが，中小零細企業の場合は初めて評価者になる方も多いでしょうし，経験はあっても評価者としての教育を受けてこなかった人も多いと思います。不安もあるでしょうから，「人を育てるため，業績を上げるために，そしてもっといい会社にしていくために，あなたたちの理解と協力が必要です。どうかご協力をお願いします」というくらいのスタンスで，リーダー達に「参加者」となってもらえるよう，巻き込んでいきましょう。

　グループディスカッションについては，以下のような簡単なテーマを与えれば，各々発言をしてくれます。

　　　　●ディスカッションテーマ（※評価制度がない場合）●
　各自，以下のテーマについて思うところや意見を忌憚なくお聞かせください。

1. 人事評価制度について
   ●人事評価制度を入れることについて，どう思いますか？
   ●評価者になることに，不安はありますか？
   ●評価すること自体に，反対意見はありますか？
   ●どのように活かしていけると思いますか？
   ●どういう人が評価されるべきだと思いますか？

2. 今の会社の評価体制や賃金体系について，どう思いますか？
   ●公平感，納得感
   ●分かりやすさ
   ●よいと思うところ
   ●課題だと思うところ

　すでに導入していて，見直しをする場合は，現状の問題点や悩んでいることについて，耳を傾けてみましょう。

> ●ディスカッションテーマ（※評価制度を見直す場合）●
> 　現状の人事評価制度について，各自思うところや意見をお聞かせください。
> 1．現状の人事制度について，どう思いますか？
> 　●理解の浸透具合や納得感はどうでしょうか？
> 　●よいと思うところは？
> 　●課題だと思うところは？
> 　●どういう人が評価されるべきだと思いますか？
> 　●フィードバックは，どのように行っていますか？　できていますか？
> 　●評価シートの内容については，どう思いますか？
> 　●評価者ごとのバラつきは，あると思いますか？（甘い人，辛い人）
> 2．現状の賃金制度について，どう思いますか？
> 　●理解の浸透具合や納得感はどうでしょうか？
> 　●よいと思うところは？
> 　●課題だと思うところは？

☞ 集まれない場合は個別インタビューで

　業務上，なかなかリーダー達を集められない場合は，一人ひとりインタビュー形式をとります。質問テーマはグループディスカッションのときと同じです。全員やるのは難しい，という場合は適任者を選び，数名でも良いので行ってください。「制度を作り始める前の段階で，説明と意見交換の場があった」ということが重要です。とにかく，参加してもらいましょう。

　またもし，少人数の会社で社長のみが評価者になる場合は，次の「被評価者（部下）へのインタビュー」のみで結構です。

☞ 被評価者（部下）へのインタビュー

　評価を受ける側の反応もみておきましょう。全員のインタビューは人数的に難しいケースが多いので，これも適当な人物を2～3名程度選抜

して行います。責任者である経営者（または人事担当者）自らが行い，従業員の反応を見てみてください。

　話を聞いたからと言って，意見や要望を全て聞き入れる必要はありません。極端な話，「話す機会」を設けることが重要なのです。この「話す機会」が，従業員の「評価制度を始めるんだ（見直すんだ）」という，心構えに繋がります。また，人は質問をされると考えます。考えて，発言をします。その考えて発言をする，という作業が，意識向上につながるわけです。評価制度というテーマで対話を行うことにより，結果的に意識向上という育成の時間にもなっていくのです。
　そして，一次評価者とのグループディスカッションやインタビューを通じ，経営者は「一次評価者達のテンションやレベル感」を感じ取ってみてください。

☞**一次評価者たちのモチベーションが低い場合・否定派が多い場合**
　まれに，一次評価者たちが，評価制度に対して嫌悪感を示したり，反対意見を述べてくることがあります。「忙しくてできない」「うちの会社には合わない」「不満が出てきたら社長が責任を取ってくれるのか？」‥‥など。もしくは意見も出さずに黙って取り組みはするものの，やらされ感満載といった雰囲気。これらの場合は黄色信号です。
　「うちのリーダー達はダメだ‥‥」とあきらめるのではなく，「なぜ，部下を評価するという仕事をしたくないのか？」その理由をヒアリングしてください。
　これ以上仕事を増やされるのは困る，人を評価すること自体に反対，評価などしたら関係が悪くなりそう，などの理由が考えられますが，しっかりと耳を傾けてください。
　一次評価者達のやる気なくしては，絶対に評価制度は成功しません。ですので，この時点で反対意見多数の場合は，評価制度導入の前に，「評

価制度を導入するための会社創り」からスタートする必要があります。
　理由のヒアリング結果をもとに，対策を考えてください。
　ある会社では，社長とリーダーの定期面談を徹底し，まずは社長とリーダーの間での対話の機会を増やすことから始めました。徐々に対話ができるようになってきたら，まずは評価制度の導入を目指すために，社長がリーダーを評価するところからスタートし，フィードバック面談を3ヶ月ごとに行いました。自分たちに合った評価制度の在り方を共に考えて，2年後から，全社的に評価制度へたどり着くことができ，今では評価制度が社内の重要なコミュニケーションツールへとなった，そんな好事例がありました。
　無理をせず，まずはリーダー達に一次評価者となることについて合意を形成することが，大切なのです。
　さて，STEP2からは，本格的な対話式評価制度作りの話に入っていきます。
　「原則として，まずはリーダーから評価を始める」とお話させて頂きましたが，最終的な目標はリーダーが一次評価者として，リーダーシップを発揮してくれることにあります。
　当然会社全体としての評価制度にしていかなければならないわけですから，これまで述べてきた「評価制度を導入する前までの課題」をクリアしたものとして，次からは会社全体の制度構築のステップに移っていきたいと思います。

〈ポイント〉
●評価制度は，一次評価者となるリーダーが必要性を理解し，協力してくれることが重要。
●まずはリーダーの評価制度のみからスタートし，評価制度というものを経験してもらう，という手もある。

STEP2. 社内の評価体制を作る
　～誰が誰を評価するのか？～

　社内への意思伝達が終わったら，次に，社内の評価体制を作ります。
　誰が誰を評価し，一次評価者は誰か，二次評価者，最終評価者は誰か，を決める作業です。
　通常，会社の組織図というものがあるかと思いますが，その組織図をもとに，一次評価者，二次評価者（最終評価者），フィードバック面談の担当者，そしてそれぞれの期限を表にします。
　次ページの図表3-1「評価体制表の例」をご覧ください。
　誰がどういう役割を担うのかの表です。
　（具体例）にあるように，「いつまでに」という期限も，明確にしてください。
　なお，対話式評価制度において特に重要視している「フィードバック面談」については，メイン役と見守り役という役割分担を設けています。
　つまり，『一次評価者と一次評価者の上司 対 部下』という，2対1の面談をして頂きます。ここが，大きなポイントです。
　一次評価者がメインでしゃべりますが，更に上位者が同席をしてもらいます。上位者が見守り役として同席することにより，緊張感のある面談の場を作るのです。
　人手不足の中，忙しい中で幹部の時間までも割かれるのは大変かもしれませんが，人材の定着，育成という目的達成のためには，人材に割く優先順位を上げてください。この面談を有効な時間にすることができれば，退職者は減り，採用面接にかける時間が減ると信じ，大変ですが，時間を作ってください。
　さて，それでは評価体制を作る話に戻り，作成手順を見てみましょう。

図表3-1 評価体制表の例

		評価者					
		一般	係長	課長	部長	統括部長	社長
被評価者	社長	—	—	—	—	—	—
	統括部長						一次・二次
	部長					一次	二次
	課長				一次	二次（一次の結果を2人でチェックし、評価決定する）	
	係長				一次		
	一般		直属の上司が一次				

（具体例）

			提出期限		期間		夏の賞与
			6月10日まで	6月25日まで	7月1日～7月20日		7月25日
部	役職	被評価者名	一次評価者	二次評価者（最終評価者）	フィードバック面談メイン役	フィードバック面談見守り役	
営業部	一般	青木	品川部長	前田統括部長・社長	品川	統括部長	
	一般	伊藤	品川部長	前田統括部長・社長	品川	統括部長	
	一般	鈴木	松田課長	前田統括部長・社長	品川	統括部長	
	一般	武田	飯田課長	前田統括部長・社長	飯田	統括部長	
	一般	田中	飯田課長	前田統括部長・社長	飯田	統括部長	
	係長	斎藤係長	品川部長	前田統括部長・社長	品川	統括部長	
	係長	山田係長	品川部長	前田統括部長・社長	品川	統括部長	
	課長	飯田課長	品川部長	前田統括部長・社長	品川	統括部長	
	課長	松田課長	品川部長	前田統括部長・社長	品川	社長	
	部長	品川部長	前田統括部長	社長	前田	社長	
事務部	一般	石井	伊達課長	前田統括部長・社長	伊達	統括部長	
	課長	伊達課長	佐々木部長	前田統括部長・社長	佐々木	統括部長	
	部長	佐々木部長	前田統括部長	前田統括部長・社長	前田	社長	
統括管理	統括部長	前田統括部長	社長	社長	社長		

> 二次評価者は，一次評価者間の評価にバラつきがないか（厳しくないか，甘すぎないか？）のチェック役をする。気づいた点があったら，一次評価者と協議をする。

> フィードバック面談では，基本的には一次評価者である直属の上司がメインで話をする（補佐役はしゃべりすぎないように注意をする）。

① 一般職の一次評価者と二次評価者を決める
　通常，一次評価者が直属の上司，二次評価者が社長やその直近下位の役職の方になります（企業規模によっては三次評価者，四次評価者と続く場合があります。本書では，ターゲットが中小零細企業である点を踏まえ，二次評価者＝最終評価者として話を進めていきます）。小規模の会社で，全て社長が評価をする，という場合は，「一次評価者＝最終評価者」になります。

　評価体制表の例でいうと，

● 一般職の評価者
　　一次評価者 ⇨ 直属の上司
　　二次評価者 ⇨ 統括部長と社長

となります。
　二次評価者の役割の明確化も大事です。
　対話式評価制度においては，一次評価者自体のリーダーとしての育成も兼ねていることから，「二次評価者は，一次評価者間の評価にバラつきがないか（厳しくないか，甘すぎないか?)，適正な評価が出来ているか」のチェック役に徹します。あまり前面に出ず，一次評価者がメインになってもらいます。
　そして，もし一次評価者について評価者としての技量に気づいた点があったら，指導，育成をする，という役割と，最終的な評価決定の役割を担います。

② 一般職以外の一次評価者と二次評価者を決める
　一般職の一次評価者であった人を，評価する人を決めます。
　評価体制表の例でいうと，

●課長の評価者
　一次評価者 ⇨ 部長
　二次評価者 ⇨ 統括部長と社長

となります。
　また，社長の直近下位にあたる統括部長の場合は，評価体制表の例でいうと，

●統括部長の評価者
　一次評価者・二次評価者 ⇨ 社長

というように，社長がすべてを担う形です。

③ フィードバック面談のメンツを決める
　対話式評価制度において，最も重要な場面となります。

☞ 一次評価者と部下とのフィードバック面談に一次評価者の上司も同席する
　基本的には，「一次評価者と被評価者」の1対1の，あらたまった場でのフィードバック面談を各自ができれば望ましいのですが，意外とこれがうまくいかないことが多いです。

　理由としては，
・個別面談という場が苦手，やりたくない。やり方が分からない。だからやらなくなる。
・別にやらなくても業務にすぐに支障をきたすわけではないので，やらなくなる。
・忙しくて，やらなくなる。

上記のような理由で，一次評価者だけにまかせると，やらない人が出たり，またそれが伝染して，いつも間にか，みんなやらなくなってしまう，ということが起きてくることがあります。
　なぜなら，面談というものは，やらなくても明日明後日困る問題ではないので，仕事の優先順位としては後回しになりがちになるからです。今までやってこなかったことをやる，ということであれば特に，気合を入れて会社全体で取り組んでいかないと定着しません。
　また，面談をしっかりと行っている会社でも，一次評価者によってやり方がバラバラになってしまい，社内統一が図れていない，という問題点を，よく見受けます。これは，非常に良くないです。
　私もコンサルタントとして企業のお手伝いをさせて頂くときに，従業員インタビューの機会を必ず頂きますが，「フィードバック面談をどのようにして行っていますか？」という質問に対しては，ほとんどの方が「やれていないです」か，「やり方を会社から明確に指示されていないので，自己流になっていて，うちの会社はリーダーごとにやり方がバラバラです」といった回答が返ってきます（具体的には，評価を伝えている人もいれば伝えない人もいて，やり方がバラバラである，世間話と悩み相談がフィードバック面談になっている人もいる，など）。

　繰り返しになりますが，評価シートをつけたあとの面談が，最も重要です。評価シートを付けただけでは，人は成長しません。「建設的な話をする」フィードバック面談の形を作りましょう。私は，このフィードバック面談を行うために，評価シートを記入する作業がある，といっても過言ではないと思っています。
　なにより，フィードバック面談の場を作っていけば，一次評価者自身がリーダーとして成長していきます。そのための環境づくりを，会社が行う必要があります。
　そして前に「リーダーがリーダーとしての役割を果たせていない」

「部下との信頼関係ができていない」ことがある，と述べましたが，この面談こそがその課題の対策の場面になります。したがって，一次評価者にいきなりすべてを任せると失敗する可能性大です。

慣れない仕事を定着させるためにも，特に最初のうちは必ず，社長や経営者レベルの方が同席して2対1の面談をするようにしてください。

☞ 経営者レベルの人が同席することの重要性

経営陣が面談に入ることで，評価者によってやらない人が出てくる，ということもないし，人によってやり方がバラバラになる，という問題も起きません。また，最終評価者が隣に座っているだけでも，緊張感が出てきて，いつもと違った雰囲気を出すことが出来ます。社内の偉い立場の人があらたまった席にいるわけですので，当たり前ですよね。ぜひ，緊張感のある場を作って臨めるようにしましょう。また経営者レベルの人が社員一人ひとりに向き合って時間を作っているわけですので，社員側の評価制度に対する満足度や納得感も，それだけで全く変わってきます（面談の具体的なやり方は，この後の章で詳しく述べていきます）。

会社の最高責任者，規模が大きい会社であれば部署の最高責任者が一人ひとりの評価に，向き合う時間を作ること，その姿勢が，評価制度の成否にかかっています。

どうしても時間を作るのが難しければ，社長や部署の最高責任者と経営方針を共有できているリーダーの誰かが，同席者として出席してください。

● **評価制度を継続し，人材育成のツールとするためには** ●

フィードバック面談で，最高責任者または準ずる人が同席すること。
⇨一人ひとりの評価に上位者が向き合う時間をつくること。

STEP3.等級基準表を作る
~社内のキャリアアップイメージを見える化しよう~

会社の組織図は、ほとんどの企業であるのではないかと思います。

その組織図を基に、職位に応じ、能力や役割などを表にして見える化します。

一般的には「等級基準表」と言われていますが、「成長支援シート」「レベル認定表」など、言い方は会社によって工夫してみるとよいでしょう。本書では一般的に使われる「等級基準表」と呼んでいきます。

では、例を見ていきましょう。

解　説

図表3-2（次ページ）を見てください。左の列から、簡単に解説します。

① 職層

一般職か、管理職（役職者）かを区分します。

② 等級

その人の「実力」の区分訳です。

役職ごとにリンクして分ける（例えば4等級は課長、5等級は部長、など）こともあれば、役職とは別に実力（表の中でいう、「等級基準」）で分けることもあります。例えば表の中の「課長」は、4等級にも5等級にも出てきます。同じ課長でも、実力に応じて等級が決まる、という例です。なお、一般的には、なかなか「役職＝等級」というのは難しいことが多いです。なぜなら、中小零細企業の場合、「穴埋め人事」がよく起きてしまうからです。

例えば、「急に課長が辞めてしまった。誰かが課長にならなければな

図表3-2　等級基準表イメージ

職層	等級(レベル)	職位	基本給(範囲)	等級基準(能力)	役割	評価における昇格要件
管理職	6	部長(部門の統括責任者)	28～40万	管理・統括　高度熟練業務，高度な経営能力を有し，大単位組織を統括できる職能がある	経営首脳の意思決定を補佐し，担当部門の中長期的な業績を確保する	人事評価でSを連続2回以上
管理職	5	課長・室長(業務管理職)	25～28万	管理指導　熟練専門業務管理能力を有し，中小単位組織の統括と企画立案を遂行できる	課の責任者として経営者及び管理者を補佐し，サービスの品質管理，スタッフの指導，運営方針及び目標設定を行い，その実現に向けて統括する	人事評価でSを1回
管理職	4	課長・係長(業務推進職)	23～25万	基本的管理能力を有し，小単位（担当範囲）の統括と指導監督により判断業務を遂行できる職能がある	●係の責任者として，統括業務をサポートする ●スタッフの評価者・責任者となり，適切な指導・育成等を行う	人事評価でAを連続2回以上
一般職	3	一般指導職	20～23万	実務に関する高度な知識・経験をもとに，課題に対して，上司の指示により下級者をまとめ問題解決にあたることができる	●小規模チームのリーダーとして，上位者をサポートする ●下位者の指導者・教育者となり，適切な指導・育成等を行う	人事評価でAを1回
一般職	2	一般担当職	18～20万	通常の業務に精通し，下位者に自己の経験を活かして適切なアドバイスを行うことができる	基礎的な実務知識・技能を応用し，比較的難易度の高いケースにも対応する	人事評価でBを連続2回以上
一般職	1	一般初級職	16～18万	上司の指示を受けながら，定型的な日常業務を遂行できる	実務に関する基礎知識をもとに，日常の定型業務を遂行する	

らない。仕方がない，まだ実績も実力も不足しているけど●●さんに課長をやってもらうか」みたいな感じです。

　このように等級基準表を作成しても，その通り運用が伴わないことも出てきてしまうかもしれませんが，それでも基本形を作っておくことは大事です。

　自分のポジションは，「どういう役割が求められているのか？」を見える化しておくことが大切なのです。

③ 基本給の範囲

　その等級の，基本給の範囲です（ここは，敢えて入れなくても構いません）。

④ 等級基準

　その等級における，求められる能力値です。例えば3等級の人は，「実務に関する高度な知識・経験をもとに，課題に対して，上司の指示により下級者をまとめ問題解決にあたることができる」ことが求められます。

⑤ 役割

　その等級における役割についてです。例えば3等級の人は，一般職でありながらも，「小規模チームのリーダーとして，上位者をサポートする」「下位者の指導者・教育者となり，適切な指導・育成等を行う」という役割を担ってもらいます。

※④⑤については，もっと細かく作っている会社もありますが，初めての制度構築の場合は，まずはシンプルな形に仕上げておくのが良いでしょう。

⑥ 評価における昇格要件

　どの程度の評価を受けることが，昇格の要件になるか，の基準です。

　例えば3等級の人が4等級になるためには，「人事評価でAを連続2回以上」取るということが，昇格の条件となります。

　ただし先ほどもありましたように，適任者がおらず，仕方なく昇格せざるを得ない「穴埋め人事」によって，その通り行かないことがあります。従って穴埋め人事によるリーダー任命の際は，この表を使って，「求められる能力と役割」を，十分に説明しておきましょう。

STEP4.評価シートを作る

　体制が決まったら，いよいよ評価シートの作成です。

1.評価基準を示した評価シート

　まず評価シートとはどういうものか？　よく使われている一般的な評価シートのイメージをみてみましょう。

●評価シートのイメージ●

```
（点数は5点満点）
5点　非常に優れていた
4点　満足できる程度の結果を発揮できていた
3点　業務上差し障りのない程度にできていた
2点　会社が求める結果を十分に発揮できているとはいえない
1点　会社が求める結果をまったく発揮できていない
```

図表3-3 評価シートの例

評価項目	求める結果	評価点数
職場ルールの遵守	職場のルールを理解，遵守していた。また職場の状況の変化に応じて，ルールの見直しが必要だと思った場合，積極的に上司等に相談し見直しを提案していた。	
出勤時間，約束時間の厳守	出勤の時間や約束時間を，常に守ることができていた。また遅れるときは，上司への連絡がしっかりとできていた。	
先輩，上司の指示にしっかり従う	指示に対してはしっかり従い，疑問点などがあった場合は，はっきりさせた上で遂行していた。	
顧客満足度の追求	顧客の満足度を常に追求して，積極的に改善案を出していた。また日々試行錯誤し，サービス向上のため努力を惜しまなかった。	
責任感	常に任された仕事は，最後まで気を抜かずやり遂げ，終わった後に発生した問題なども引き続き責任を持ち続けた。	
素直さ	上司等の指導は素直に受け止めて，常に仕事の質の向上を目指す姿勢を見せていた。	
ビジネスマナー	身だしなみや挨拶は，状況に応じて使い分けがしっかりできていた。コミュニケーションも丁寧にわかりやすい言葉で行っていた。	
報連相	漏れなく報告・連絡することはもちろん，必要なタイミング，手段など状況を見極めて行うことができた。	
コミュニケーション（社内）	自分が忙しい時でも，状況を見ながら，周囲へ協力するなど，積極的にコミュニケーションを図っていた。	
コミュニケーション（社外）	顧客とのコミュニケーションを上手に取っており，信頼関係の構築に加え，売上向上など仕事にも良い影響を与えていた。	
お客様や同僚・上司への敬意を持っているか	顧客や上司・同僚などへ敬意を持って接しており，配慮もできていた。信頼関係も構築されており，仕事へ良い影響を与えていた。	
チームワーク・協調性	仕事が遅れている同僚に積極的に声を掛け，協力の姿勢を見せていた。また意見の異なる同僚に対しても考えを尊重し，良い方向へ持っていく事ができた。	
積極性	難しい仕事に対しても積極的に挑戦していた。会議などでも自分の意見をしっかり発言していた。	
資格取得や研修の積極参加	仕事に役立つ資格や研修を常に自分で探し出し，取り組んでいた。	
向上心	仕事の進め方を常に検討し，周囲とも連携しながら，改善することに取り組んだ。	

売上目標達成への意欲	常に売上目標達成に向けて，周囲とも連携しながら，行動していた。	
経営参加の意識	常に売上やコスト，経営理念など会社全体の事に関心を持って，自分がどう行動すべきかを考えていた。	
研究向上意欲	常に業務改善や売上向上などのために費用や人材など検討を重ねて上司等に提案していた。	
積極的な改善提案・新規提案	現状に満足せず，常に問題意識を持って，積極的に改善提案・新規提案をしていた。	
成果の追及	目標に対する意識を強く持ち，常に成果を追及していた。	
仕事の速さ	仕事の処理スピードはとても速く，余裕を持って進めていた。難しい仕事でも上司などに相談し，スピーディにこなしていた。	
仕事の正確さ	書類などは，ほぼ完璧で，顧客や周囲からの信頼を勝ち取り，模範となっていた。	
整理整頓	机やPCなど常に整理整頓されている事はもちろん，必要な書類やファイルが，すぐに取り出せる状態を保ち，業務効率化につながっていた。	
業務知識	どんな状況でも適切迅速に対処できるだけの高い知識を持ち，周囲からも頼られ，職場全体の底上げにつながっていた。	
トラブルの処理	トラブルに対して迅速に対処し，顧客との信頼関係を高める事につながっていた。	
理解力・判断力	高い理解力で顧客や同僚，上司の負担を減らすことができた。重要な事項も迅速に判断し良い方向へもっていくことができた。	
工夫する力と行動力	つまづいた時などは，自分なりに工夫を重ね，常に周囲の意見も聴きながら，事を進めていた。	
PCの基本操作	Word，Excel，その他必要なPCの基本操作は，ほぼ問題なく，同僚などからも頼られ，職場全体の業務効率化に一役買っていた。	
関係者との連携・関係構築	常日ごろから，社内イベントなどに参加し，他部署の人間などと交流していた。関係構築を通じて，自分の仕事にも活かす事ができた。	
顧客・取引先との折衝	伝えるべきことを，漏れなく正確に，かつ簡潔に説明することができた。	
合計点		

例の評価シートは，各項目5点満点で点数を付けて，合計点を出すような内容です。重要な項目にはウエイトといって点数の比重を大きくしたりするのが一般的ですが，まずこの段階では，一般的なイメージをつかんでください。

☞ 評価点数をつけることの「難しいところ」

さて，ここで，多くの会社がつまずくポイントが出てきます。

それは，「評価者によって，ズレが生じる」ということです。評価者が社長1人といった場合であればズレも何もないのですが，評価者が数名いる場合は，甘い人，辛い人，真ん中の点数ばかりを付ける人など，評価者によって評価基準がバラバラになりがちです。結局「正しい評価が出来ない」ということになり，やっぱり評価って難しいよね‥‥，と継続せずにやめてしまう会社が少なくありません。

例えば，最初から2番目の評価項目の「出勤時間，約束時間の厳守」を，見てください。

評価項目	求める結果	評価点数(5点満点)
出勤時間，約束時間の厳守	出勤の時間や約束時間を，常に守ることができていた。また遅れるときは，上司への連絡がしっかりとできていた。	

この評価項目について，3人の評価者が，同じ人を評価して評価点を付けると，以下のようなズレが生じてくることがあります。

【3人の評価者の「ズレ」】

A評価者は，こう考えました。

「○○君は，評価期間中，1回だけ連絡なしの遅刻があったな。1回だけだし，しかも5分くらい遅れただけだから，合格点だ。4点」

一方，B評価者は

「〇〇君は，評価期間中，1回，連絡なしの遅刻があったな。無断遅刻は1回でも許されるものではない。1点」

もう一人，C評価者は

「〇〇君は，いつも時間ぎりぎりだ。社会人であれば5分前には仕事を始められるよう準備しているのが常識なのに，彼はできていない。遅刻はほとんどしていないけど，とても合格点とはいえない。2点」

ちょっと極端な例ですが，このように人によって「時間を守る」という点について価値観や見ている視点が違うため，評価者によって「ズレ」が出てしまうのです。

私も多くの会社の評価シートを見てきましたが，この部分でつまずいている会社が非常に多いです。

従って，自己評価の甘辛や，評価者間の甘辛を少しでも減らすため，次のような「段階択一方式」というタイプの評価シートを推奨しています。

次の評価基準を示した評価シートを見てみてください。

評価項目	求める結果	2 (2点にも満たない場合は1点)	3 (業務に支障のないレベル)	4	5
出勤時間，約束時間の厳守	出勤の時間や約束時間を，常に守ることができていた。また遅れるときは，上司への連絡がしっかりとできていた。	無断欠勤や遅刻することがたまにあり周囲に迷惑をかける事があった。	たまに時間にギリギリになる事はあったが，おおむね問題なかった。	時間には余裕をもって備えており，問題となる事はなかった。	常に5分前到着と自分にルールを設定し，遅れそうな時は，事前連絡を欠かさなかった。

こちらであれば，「どの程度のレベルで何点か？」の評価基準が明記されているため，先ほどのタイプの評価シートよりは，だいぶ「評価者

間のズレ」の問題を解消できます。

　3人の評価者の場合であれば，3点（人によっては2点）になるでしょう。もちろんこれですべてのズレが解消されるわけではありませんが，点数の基準が明記されていることである程度は評価基準の統一に役立ちます。

　もちろん，評価シートのタイプについては会社にとってやりやすい方で構いません。一つの選択肢として参考にしてください。なお本書では，今後評価シートの例示については，この段階択一方式を中心に紹介していきます。

> ポイント：評価基準が明記された評価シートの活用で，評価者間のズレを少なくする。

2. まずはサンプル評価シートをみてみよう

　対話式評価制度では，会社のオリジナル評価シートを作成します。
　そして，そのシートは，会社とリーダーと，対話を通じ協力をして作っていきます。しかし，**ゼロから会社独自のオリジナル評価シートを作り上げるのは非常に大変です。**
　そこで対話式評価制度では，以下のステップで，オリジナルの評価シートを作っていきます。

> ①まず，サンプルの評価シートを準備する
> ②次に，サンプル評価シートから，重要な項目を「選ぶ」

　①から，見ていきましょう。
　まずはサンプルの評価シートを準備します。
　本書では，自社のオリジナル評価シートを作成するにあたり，サンプルとしていくつかの職種ごとの評価シートを例示し，この後に紹介して

いきます。

会社のオリジナル評価シートを作成するためのベースとして，活用してください。

☞ **参考評価シート**

以下，参考評価シートです（図表3-5）。

図表3-5　参考評価シート

	番号	項目	求める結果	自己評価 点数	2 (2点にも満たない場合は1点)	3 (業務に支障のないレベル)	4	5
社会人としての基礎	1	職場ルールの遵守	職場のルールを理解，遵守していた。また職場の状況の変化に応じて，ルールの見直しが必要だと思った場合，積極的に上司等に相談し見直しを提案していた。		職場のルールがよく理解できておらず，ルールを遵守できない事がたまにあった。	職場のルールはおおむね理解しており，遵守できていた。	職場のルールはほとんど理解し，不明点は上司等に確認した上で遵守していた。	職場のルールを理解し，遵守していた。また，見直すべき点は積極的に上司等に提案していた。
	2	出勤時間，約束時間の厳守	常に約束の時間に間に合うよう事前の準備をしっかりしていた。また遅れそうな時のフォローがしっかりできていて，トラブルになる事がほとんどなかった。		無断欠勤や遅刻することがたまにあり周囲に迷惑をかける事があった。	たまに約束の時間にギリギリになる事はあったが，おおむね問題なかった。	約束の時間には余裕をもって備えており，問題となる事はなかった。	常に5分前到着と自分にルールを設定し，遅れそうな時は，事前連絡を欠かさなかった。
	3	先輩，上司の指示にしっかり従う	指示に対してはしっかり従い，疑問点などがあった場合は，はっきりさせた上で遂行していた。		指示に対して従わなかったり，指示内容を理解しようとしない事があった。	指示に対してはおおむね従い，問題となる事はなかった。	指示を理解し，確実に従っていた。	指示に対しては確実に従い，指示に疑問があった場合ははっきりさせた上で従っていた。
	4	役割の理解	自分自身が会社から期待された役割を理解し，行動していた。		役割を理解できていないことがあり，職責を全うできていないことがあった。	役割を理解し，行動が伴っていた。	役割を理解し，行動し，良い結果を出した。	役割を理解し，行動し，会社が期待する以上の良い結果を出した。
	5	責任感	常に任された仕事は，最後まで気を抜かずやり遂げ，終わった後に発生した問題なども引き続き責任を持ち続けた。		任された仕事について，途中で投げ出す事があり，周囲に迷惑をかける事があった。	任された仕事は，おおむねやり遂げ，問題となる事はなかった。	任された仕事は，最後まで気を抜かず，やり遂げていた。	最後まで気を抜かずやり遂げる事はもちろん，後のフォローも責任を持ち続けた。

分類	No	項目						
社会人としての基礎	6	素直さ	上司等の指導は素直に受け止めて、常に仕事の質の向上を目指す姿勢を見せていた。		上司等の指導に対して、反発する事があった。	上司等の指導は素直に受け止めていた。	自分のミスは素直に受け止め、繰り返さないよう対策を講じていた。	自分のミスは素直に受け止め、繰り返さないよう対策を講じ、よりよい状態を作れた。
	7	ビジネスマナー	身だしなみや挨拶は、状況に応じて使い分けがしっかりできていた。コミュニケーションも丁寧にわかりやすい言葉で行っていた。		身だしなみや挨拶などが、社会人としてできていない事があった。	身だしなみや挨拶など、社会人として最低限の事はできていた。	状況に応じたビジネスマナー（挨拶など）ができていた。	社会人として見本となるレベルだった。
コミュニケーション・チームワーク	8	報連相	漏れなく報告・連絡することはもちろん、必要なタイミング、手段など状況を見極めて行うことができた。		自分から報告・連絡・相談をすることができなかった。	たまに報告や連絡が遅れる事があったが、おおむね支障なくできていた。	報告・連絡を速やかに漏れなく伝えていた。	常にわかりやすい言葉で、かつ状況に応じた方法で報告・連絡をしていた。
	9	コミュニケーション（社内）	自分が忙しい時でも、状況を見ながら、周囲へ協力するなど、積極的にコミュニケーションを図っていた。		一部の人間とうまくいっておらず、業務に支障をきたすこともあった。	おおむね業務に支障ない程度に行うことができていた。	積極的に声掛けをして、協力していた。	積極的に声かけをして、部署によい雰囲気を作れていた。
	10	コミュニケーション（社外）	顧客とのコミュニケーションを上手く取っており、信頼関係の構築に加え、売上向上よと仕事にも良い影響を与えていた。		一部の顧客と上手くコミュニケーションができておらず、クレームになる事があった。	顧客とコミュニケーションは、おおむね取れており、問題となる事はなかった。	顧客と積極的にコミュニケーションを取っており、信頼を得ていた。	顧客と積極的にコミュニケーションを上手に取っており、良好な関係づくりを実現している。
	11	お客様や同僚・上司への敬意を持っているか	顧客や上司・同僚などへ敬意を持って接しており、配慮もできていた。信頼関係も構築されており、仕事へ良い影響を与えていた。		顧客や上司の一部に対して、敬意や配慮が欠けていた。	顧客や上司・同僚に対して、敬意を持って、配慮もなされていた。	顧客や上司などへの配慮はほぼできており、良好な人間関係が出来ていた。	常に顧客や上司・同僚への敬意・配慮ができており、周囲の模範となっていた。
	12	チームワーク・協調性	仕事が遅れている同僚に積極的に声を掛け、協力の姿勢を見せていた。また意見の異なる同僚に対しても考えを尊重し、良い方向へ持っていく事ができた。		同僚などへの協力の姿勢が見られなかった。	ある程度は同僚などへ協力でき、支障をきたすことなくチームの輪に入れていた。	相性の悪い同僚ともうまく折り合いをつけ仕事を進めていた。	常に同僚と協力して仕事を進め、チームの雰囲気を良くする役割も果たした。
	13	社内での協力関係	上司、同僚、後輩、すべての職場の仲間と、良好な関係を築けており、仕事をスムーズに進めることができている。		自分本位なところがあり、他人を困らせることがあった（他者との協力の姿勢が見られなかった）。	社内での協力関係について、良好な関係を築けており、おおむね仕事もスムーズにできていた。	社内での協力関係について、自ら良好な関係を築く努力が見えていた。	仕事のスムーズ化だけでなく、改善提案やチームの雰囲気を良くするなどの役割も果たした。

向上心	14	積極性	難しい仕事に対しても積極的に挑戦していた。会議などでも自分の意見をしっかり発言していた。		難しい仕事を避けていた。意見も発言する事がほとんどなかった。	指示された仕事はこなし、意見もある程度は発言していた。	難しい仕事も積極的に挑戦していた。意見も常に積極的に発言していた。	難しい仕事も積極的に挑戦し、結果を出すことが出来た。
	15	資格取得や研修の積極参加	仕事に役立つ資格や研修を常に自分で探し出し、取り組んでいた。		仕事をこなせればそれで満足し、スキルアップを図ろうとしなかった。	会社から義務付けられた資格取得や研修参加はしていた。	仕事に役立ちそうな資格や研修があれば、取り組んでいた。	仕事に役立つ資格や研修を常に自分で探し、積極的に取り組んだ。
	16	向上心	仕事の進め方を常に検討し、また自らのスキルアップに積極的に取り組んだ。		仕事が上手くいっていなくても、スキルアップしようという姿勢が見られなかった。	ある程度はよりスキルアップしようという姿勢が見られた。	更に上を目指すという努力の姿勢がみえた。	更に上を目指すという努力の姿勢がみられ、実際にスキルアップした。
	17	研究向上意欲	常に業務改善や売上向上などのために検討を重ねて上司等に提案していた。		仕事をこなす事だけを考え、漫然と仕事をしていた。	ある程度は業務の進め方などをより良くするために検討していた。	業務の進め方などをより良くするためにどうすべきかを検討していた。	常によりよくなる方法を検討し、実際に成果をもたらした。
	18	工夫する力と行動力	つまずいた時などは、自分なりに工夫を重ね、常に周囲の意見も聴きながら、事を進めていた。		仕事でつまずいても、特に工夫したり行動する事をしようとしなかった。	業務上でつまずいた時は、自分なりに工夫して、解決しようとした。	業務上でつまずいた時は、工夫だけでなく、周囲に積極的に相談もした。	常に業務効率を考え、工夫し、実際に成果を出した。
経営参加の意識	19	売上目標達成への意欲	常に売上目標達成に向けて、周囲とも連携しながら、行動していた。		売上目標への意識までは持てていなかった。	売上目標に向けて努力はしていたが、工夫や具体的行動にまでは取り組めていなかった。	常に売上目標を意識し、積極的に目標達成に工夫をこらし、行動していた。	目標達成に対する工夫をこらし、実際に結果を出した。
	20	経営参加の意識	常に売上やコスト、経営理念など会社全体の事に関心を持って、自分がどう行動すべきかを考えていた。		売上や会社目標について、また、経営に対する関心を持てていなかった。	売上げや会社目標について、理解、把握をすることはできていた。	「どうすれば会社がもっと良くなるか？」を意識し、自ら積極的に行動をしていた。	「どうすれば会社がもっと良くなるか？」を意識し、自ら積極的に行動をし、実際に成果につながった。
	21	積極的な改善提案・新規提案	現状に満足せず、常に問題意識を持って、積極的に改善提案・新規提案をしていた。		現状に問題点があっても、改善しようとする意識がなかった。	問題点などに対して、ある程度は改善・新規提案をしていた。	常に問題意識を持ち、積極的に改善提案、新規提案を行った。	常に問題意識を持ち、積極的に改善提案、新規提案を行い、実際に成果につながった。

区分	No.	項目					
経営参加の意識	22	上司補佐と意見具申	常に報告の内容やタイミングは問題なかった。また上司から意見を求められても適切に答え、言われなくても自発的に意見を言い、十分に補佐していた。		報告の内容やタイミングに少々問題があり、業務に支障をきたす事があった。	報告の内容やタイミングは概ね適切で、支障はなかった。	報告は全体的に問題なく、上司から意見を求められても、適切に答えていた。	報告は常に問題なく、上司から言われる前に、自発的に適切な意見を言っていた。
成果達成への意識	23	期限の厳守	繁忙期などでも常に仕事の優先度を確認し、期限を守りつつ、仕上がりも丁寧で顧客からも信頼されていた。		失念することが度々あり、優先度の高い仕事も後回しにしてしまう事があった。	期限は、ギリギリなることがたまにあったが、ほぼ守ることができた。	期限はほぼ遵守でき、遅れそうな時は上司等に相談し、適切な対処をしていた。	繁忙期でも仕事の優先度を常に考えてこなし、仕上がりも丁寧だった。
	24	顧客満足の追及	顧客が何を望んでいるのかを日々考え、周囲とも相談して最善最適な対応をすることができた。		仕事が終われば良いという考えで、顧客目線で考える事ができなかった。	顧客の望むものをある程度は理解し、より満足度が向上するよう、努力していた。	顧客の要望に対する理解力が優れており、顧客目線で仕事に取り組めていた。	顧客満足度向上のためにすべき事を追求し、顧客満足を勝ち得ていた。
	25	目標達成の追及	常に売上目標や生産進捗状況を確認し、未達成になりそうな時は、早めに手を打ち、結果として達成していた。		売上や生産進捗状況が管理できておらず、目標達成できないことが多かった。	売上や生産進捗状況はある程度管理できていて、概ね達成できた。	売上や生産進捗状況は、大体管理できていて、ほとんどにおいて達成していた。	達成が難しい場合は、手を打つなどし、結果として目標達成した。
業務能力	26	仕事の速さ	仕事の処理スピードはとても速く、生産性を高く保ち、業務を進めていた。		処理スピードが遅く、顧客や同僚に迷惑をかけることが多々あった。	業務に支障がない程度の速さで処理できていた。	処理スピードは速く、仕事を進めていた。	スピーディーに仕事をこなし、高い生産性を保っていた。
	27	仕事の正確さ	ほぼ完璧で、顧客や周囲からの信頼を勝ち取り、模範となっていた。		間違いが散見され、業務に支障をきたす事があった。	間違いはあまりなく、問題となる事はなかった。	ほぼ間違いはなく、結果的に業務効率化につながっていた。	ほぼ完璧で、同僚や顧客からの信頼を得ていた。
	28	整理整頓	机やPCなど常に整理整頓されている事はもちろん、必要な書類やファイルが、すぐに取り出せる状態を保ち、業務効率化につながっていた。		書類等が散乱していて、必要なものがなくなり業務に支障をきたす事があった。	業務に支障がない程度で整理整頓されていた。	整理整頓がなされ、必要なものはあまり時間をかけずに取り出す事ができていた。	常に整理整頓がなされ、業務効率化につながっていた。
	29	業務知識	どんな状況でも適切迅速に対処できるだけの高い知識を持ち、周囲からも頼られ、職場全体の底上げにつながっていた。		業務知識がかなり低く、周囲の助けを要する事が多かった。	ある程度の業務知識は持っており、一人でもこなすことができた。	かなり高い知識を持ち、様々な状況に対応することができた。	どんな状況でも対処できる高い知識を持って、周囲からも頼られていた。
	30	トラブルの処理	トラブルに対して迅速に対処し、顧客との信頼関係を高める事につながっていた。		トラブルに対して対応ができず、事態を悪化させる事があった。	トラブルは、周囲に相談しながら、処理する事ができた。	トラブルには、迅速に対応し解決させていた。	トラブルに対して迅速に対処し、かえって顧客からの信頼を高めていた。

第3章　対話式評価制度【構築編】

業務能力	31	理解力・判断力	高い理解力で顧客や同僚，上司の負担を減らすことができた。重要な事項も迅速に判断し良い方向へもっていくことができた。		何度も同じ事を聞いたり，判断の遅さで顧客や周囲に迷惑をかける事があった。	言われたことは大体理解し，業務上の判断もある程度できた。	言われた事は理解し，判断も自分で適切に下すことができた。	かなり高い理解力で顧客や同僚，上司の負担を減らしていた。
	32	PCの基本操作	Word，Excel，その他必要なPCの基本操作は，ほぼ問題なく，同僚などからも頼られ，職場全体の業務効率化に一役買っていた。		全社的に見て，下位に属するレベル	全社的に見て，平均的なレベル	全社的に見て，高いレベル	全社的に見て，最高レベル
	33	関係者との連携・関係構築	常日ごろから関係者と交流していた。関係構築を通じて，自分の仕事にも活かす事ができた。		仕事上関係のある人でも交流できず，仕事に支障をきたす事があった。	仕事上関係のある人間とは最低限の交流を図り，支障をきたす事はなかった。	関係者との交流を通じ，よい関係を作れていた。	関係構築を通じ，人脈拡大などの成果をもたらした。
	34	顧客・取引先との折衝	伝えるべきことを，漏れなく正確に，かつ簡潔に説明することができた。		伝えるべきことが整理できず，うまく説明ができないことがあった。	説明などがおおむねできていて，業務に支障をきたすことはなかった。	説明すべきことを漏れなく適切に伝え，業務をスムーズに行えていた。	業務をスムーズに行うことに加え，信頼関係を構築できた。
	35	「その他」業務全般能力	基本知識・電話応対・業務スピード・整理整頓・トラブル処理・報連相		役割をこなすのにやや，スキル不足（全社的に見て，下位に属するレベル）。	与えられた役割を，こなすことができている（全社的に見て，平均レベル）。	与えられた役割をこなし，高いスキルを持っている（全社的に見て，高いレベル）。	高いスキルを持っている（全社的に見て，最高レベル）。
結果	36	目標の達成度	常に目標の進捗状況を確認し，未達成になりそうな時は，早めに手を打ち，結果として達成していた。		目標の進捗状況が管理できておらず，目標達成できない事があった。	目標の進捗状況はある程度管理できていて，概ね達成できた。	目標の進捗状況はしっかり管理できていて，目標がクリアできた。	目標の進捗状況はしっかり管理できていて，目標を大幅にクリアできた。
	37	個人売上目標	個人売上目標達成率		90〜94%	95〜99%	100〜109%	110%以上
	38	部署の売上目標	部署売上目標達成率		目標達成率90%以上95%未満	目標達成率95%以上100%未満	目標達成率100%以上110%未満	目標達成率110%以上
リーダーシップ	39	部門目標の達成度	部署の目標に対し，常に状況を確認し，未達成になりそうな時は，早めに手を打ち，結果を達成できた。		部門目標の進捗状況が管理できておらず，部門目標達成できない事があった。	部門目標の進捗状況はある程度管理できていて，概ね達成できた。	部門目標の進捗状況は，しっかり管理できていて，目標がクリアできた。	部門目標の進捗状況はしっかり管理できていて，目標を大幅にクリアできた。
	40	目標設定とその徹底化	会社の方針に沿った目標設定を常に設定し，部下のやる気を引き出し，部署全体の目標達成や良い雰囲気を作り出していた。		目標設定が適切でなく，部下のやる気を引き出す事ができていなかった。	目標設定は概ね適切で，部下に対してもある程度意欲を引き出していた。	目標設定が適切にできており，部下に対しても達成に向けて意欲を引き出していた。	常に目標設定が適切で，部下に結果を出させることに成功した。

	No.	項目					
リーダーシップ	41	仕事の割り当て	部下の能力や適性を十分見極めており、それに沿った人員配置ができ、部下からも信頼を得ていた。		部下の能力や適性の見極めができておらず、部下から不満が出る事があった。	部下の能力や適性をある程度把握した人員配置ができていた。	部下の能力や適性を見極めており、部下も意欲的に業務をこなしていた。	部下の能力や適性を十分見極めており、部下に結果を出させることができていた。
	42	仕事の進捗管理	常に仕事の進捗管理に気を配り、納期遅れは全くなかった。遅れそうな時は、早めに関係各所へ連絡を取るなどして、必要な対応をしていた。		進捗管理がほとんどできておらず、納期に遅れるなど支障をきたしていた。	進捗管理はある程度できており、納期遅れも少なかった。	進捗管理は十分できており、納期遅れもほとんどなかった。	常に進捗管理を徹底し、遅れそうな時は必要な対応をして、納期遅れは全くなかった。
	43	業務の改善	常に業務改善の意識を持って仕事に取組み、部下にもその意識が浸透しており、改善効果は絶大なものがあった。		業務改善の意識があまりなく、ただ漫然と仕事を進めていた。	ある程度業務改善の意識を持って取り組んでいて、一定の効果は見られた。	業務改善の意識が十分にあり、改善効果もかなりあった。	常に業務改善の意識を持ち、部下にも浸透させて、改善効果は絶大であった。
	44	問題解決	問題が発生したら、常に迅速に原因究明し、明確な原因をつかんだ上で問題解決にあたり、全く問題を残さなかった。		明確な原因をつかまず問題解決にあたり、結果として解決に至っていなかった。	ある程度原因をつかみ問題解決にあたっており、概ね収まっていた。	原因をつかんだ上で問題解決にあたっており、後から問題となる事はなかった。	常に明確な原因をつかんだ上で問題解決にあたり、全く問題を残さなかった。
	45	部下の指導育成	常にその都度必要で適切な指導育成ができており、部下も意欲的にそれに応えて成長し、信頼関係も抜群であった。		部下の指導育成がおろそかになりがちで、業務に支障をきたしていた。	指導育成は、概ねできていた。	必要かつ適切な指導育成ができており、部下も順調に成長していた。	常に必要かつ適切な指導育成ができ、部下の成長だけでなく信頼関係も抜群であった。
	46	他部門間との意見調整	常に他部門との良好な関係構築、適切な意見調整をし、業務も円滑に進めていた。問題発生の時も、話し合いの上、解決していた。		他部門との関係構築が不十分で、意見調整ができず、支障をきたしていた。	他部門との関係は概ね構築でき、意見調整もある程度上手くできていた。	他部門と良い関係を築き、意見調整も問題なく、業務を円滑に進めていた。	常に他部門との良好な関係構築ができ、問題発生の時も、リーダーシップを発揮して進めていた。
	47	管理者行動	常に管理者としてどうあるべきかを強く意識し、問題が発生した時なども冷静かつ前向きに行動し、部下からも信頼され、組織活性化に貢献していた。		管理者としての自覚が少々欠けていて、部下との関係もよくなかった。	管理者としての自覚は概ねあり、部下との関係もまずまずで支障はなかった。	管理者としての自覚を強く持って行動しており、部下もついてきていた。	常に管理者としての自覚を強く持って行動し、部下からも信頼され、組織活性化に一役買ってくれた。
	48	企画力	常に環境の変化に柔軟に対応し、業務効率化のため実務性があり、かつ、創造性のある発案をしていた。		従来のやり方にとらわれがちで、実務性のある新しい案を出せていなかった。	業務効率化のため実務性のある程度ある新しい案を発案できていた。	業務効率化のため、実務性があり、かつ、創造性のある発案ができていた。	実務性があり、かつ、創造性のある発案をし、実際に成果につながった。

	No	項目						
リーダーシップ	49	決断力	日常的な問題はもちろん、困難な問題や突発的な事態に対しても、臨機応変に、かつ迅速・適切に決断を下していた。		日常的な問題に対しても、迅速・適切な決断が下せず、支障をきたしていた。	日常的な問題に対しては、ある程度迅速・適切な決断をしていた。	日常的な問題だけでなく、少々厄介な問題にも迅速・適切に決断を下していた。	迅速・適切に決断を下し、リーダーとしてチームをしっかり機能させていた。
	50	部下との意思疎通	必要な指示は常に正確に伝わっており、リーダーとしてチームをしっかり機能させ、高いレベルのチームを作れていた。		必要な指示が伝わっていない事が多く、業務に支障をきたしていた。	部下との意思疎通は概ねできており、必要な指示も伝わっていた。	必要な指示はほぼ問題なく伝わっており、業務上も問題なかった。	指示は問題なく伝わっており、リーダーとして高いレベルのチームを作れていた。
	51	部下との信頼関係構築	常に部下に対して的確な指示、指導ができており、部下からの相談などに対しても真摯に対応し、信頼関係が構築され、業務遂行に良い影響を与えていた。		指示や指導に問題があり、部下からの信頼を失い、業務に支障をきたしていた。	指示や指導は概ねできており、部下との信頼関係もある程度構築されていた。	指示や指導が的確で、部下からの相談などにも対応し、信頼関係が構築されていた。	常に指示や指導が的確で、相談にも真摯に対応し、リーダーとして高いレベルのチームを作れていた。
	52	離職率の改善	常に離職率について強く関心を持ち、意識的に対策を講じて、改善効果もかなり出ていた。		離職率の改善について、意識が低く、特に対策を講じようとしなかった。	離職率の改善について、ある程度意識があり、対策案を出していた。	離職率の改善について、意識を持って、対策を講じ、実践していた。	常に離職率の改善について、意識を持ち、対策を講じ、実際に効果が出ていた。
	53	チームワークの形成	部下それぞれの能力を見極め、チームとしてまとめあげ、良い結果を出し、困難な仕事や非常事態にも対応できていた。		チームワークの大切さが伝わっておらず、部下の個人プレーが目立った。	ある程度は部下をまとめ、チームとして機能させる事ができていた。	部下それぞれの能力を見極め、結集させ、チームとしての結果を出していた。	部下それぞれの能力を見極め、結集させ、チームとして大きな成果を出していた。
	54	評価力（部下を評価する力）	結果だけなく意欲や過程を考慮した適切な評価ができていた。部下も納得しており、足りない部分を認識し、向上心を持って仕事に取り組んでいた。		目が行き届いておらず、主観的な評価しかできていなかった。	部下の仕事ぶりは概ね見れており、問題の無い程度に評価できていた。	部下の仕事ぶりをよく見ており、適切な評価ができていた。	適切な評価に加え、評価を通じて、部下との理解を深めることが出来ていた。
	55	個別面談の実施	部下との個別面談を定期的に実施し、部下の仕事の進捗や成績、体調面などの状況を見極めた上で、フォロー面談も実施していた。		忙しいという理由で、部下との個別面談の実施機会を持とうとしなかった。	部下との個別面談は、不定期ではあったが、実施していた。	部下との個別面談は定期的に実施していた。	部下との個別面談を定期的に実施し、必要があればフォロー面談も実施していた。
	56	部下との面談力	まずは部下の話を真摯に聞き、状況に応じて必要な指導や助言をし、部下もよくそれに応え、仕事に取り組み良い結果を出していた。		面談において一方的に話すなど、部下の話を真摯に聞こうとしなかった。	ある程度、部下の話を聞き、必要な指導や助言ができていた。	部下の話を真摯に聞き、必要な指導や助言をし、部下も仕事に活かそうとしていた。	必要な指導や助言をし、部下も意欲を持って取り組み結果を出していた。

	No.	項目					
リーダーシップ	57	会議の進行力	常に部下それぞれの意見をまとめて，短時間で結論も出る有意義な会議をしていた。業務にもしっかり反映されて良い結果を出していた。		意見をまとめる事ができず，時間だけがかかり，結論も出ない事が多かった。	ある程度出た意見をまとめる事ができ，会議にかける時間も概ね適切であった。	出た意見を適切にまとめる事ができ，結論もしっかり出て，かける時間も短かった。	常に短時間で結論もしっかり出せる有意義な会議で，業務にも反映されていた。
	58	プレイヤーとしての能力	プレイヤーとして，仕事について部下たちの見本のごとくこなすことができた。		プレイヤーとしての結果が出せず，要求心力に欠けていた。	プレイヤーとして，部署の中では優れた結果を出した。	プレイヤーとして，部下の見本となる結果を出した。	プレイヤーとして最高の能力を持ち，結果を出していた。
	59	部下への依頼に対する責任	仕事を丸投げせず，頼まれた部下が結果を出せるよう，責任を持てていた。		頼みっぱなしになり，部下からの不満が見受けられた。	依頼した仕事について，部下の不満につながらない依頼の仕方が出来ていた。	依頼した仕事について，部下が結果を出せるようサポートできていた。	依頼した仕事について，部下が積極的に取り組み，部下がしっかりと結果を出せた。
	60	皆が嫌がる仕事の分担	皆が嫌がる仕事を，まずは自ら進んで行ってから，部下にやらせることができた。		自ら行わず部下に丸投げしたままになり，部下からの不満が見受けられた。	まずは自分で行ってから，部下へ依頼した。	進んで自ら仕事を行い，部署を引っ張った。	進んで自ら仕事を行い，部署を引っ張り，部下の成長にまでつながった。
	61	褒め上手	褒め上手で，部下のモチベーションを上げることが出来ていた。		やや，褒め方がうまくできていなかった。	うまく褒められていた。	上手く褒め，部下のモチベーションアップにつなげられていた。	褒め上手で，部署全体から厚い信頼を受けていた。
	62	叱り上手	叱り上手で，部下のモチベーションを下げることのない言い方伝え方ができていた。		やや，叱り方がうまくできていなかった。	うまく叱れていた。	上手く叱り，部下の成長へとつなげられた。	叱り上手で，部署全体から厚い信頼を受けていた。
	63	部下の理解	部下のことを理解し，部下からは「私の事を理解してくれている」という信頼感を持たれていた。		コミュニケーション不足により，やや相互理解には至れていなかった。	部下と相互理解し，仕事に支障のない程度に関係が築けていた。	部下と相互理解し，部署全体としてまず良い関係を作れていた。	部下と相互理解し，部署全体のモチベーション，結束力の高いチームが作れた。
	64	部下との約束の遵守	部下とした約束は，忘れずに守っていた。		時々，忘れていることがあった。	概ね，支障のない程度に守れていた。	守れており，部下からも概ね信頼を得られていた。	「約束は守る人」という信頼感を，部署全体の部下から得られていた。
	65	部下の指示についての決断力	曖昧な指示ではなく，しっかりと決断を下していた。		時々，曖昧な指示になり，部下を迷わせてしまった。	概ね，支障のない程度の決断力はあった。	結果として間違ったこともあったが，決断力は持てていた。	的確な決断力で，部下を迷いなく良い方向へ導いていた。
個別目標	66							

☞ 数字目標の評価シート参考例

次に,「結果」にスポットを当てた評価シート例を紹介します。

まず,「結果」が数字で分かりやすい営業職の評価シート例です(図表3-6)。

この評価シートは,目標値に対して,どれだけの結果が出せたかによって,各評価項目ごとに点数をつける「結果評価」を重視した評価シートのタイプです。

そして,もう一つの特徴は,評価項目ごとに重要度の割合を設けている点です。

例えば「個人の売上目標」については重要度が高く,100％のうち,25％(25ウェイト)の比重にしてあります。

一番右側の2列,「点数例」の列をご覧ください。

一番上の「個人売上金額」の項目は「3点」とありますが,これは売上目標6000万円に対し,評価基準でみると95〜100％の達成率だったためです。

この項目は25％のウェイトがかけられているため「5点満点×25ウェイト=125点満点」となりますが,評価は3点であったため,「3点×25ウエイト=75点」となります。

他の項目も同じ考え方で点数を出します。個人目標のほか,部門目標も評価に入れています。

このような感じで,ウェイトを考慮しつつ計算すると,全体で355点となりました。

満点が500点になるのですが,355点なので,パーセンテージに直すと「355点÷500点」で,71％になります。

従ってこの例ですと,100点満点中「71点」で評価をしています。

図表3-6 営業職の評価シート例

		仕事の ポイント・目標	期日 (いつまで)	評価方法	評価基準	①ウエイト	満点	点数例 ②評価	点数例 点数(①×②)
個人目標	1 個人売上金額	売上目標 60,000,000円	上期末	売上実績/ 売上目標×100	5点：110%以上　4点：101〜109% 3点：95%〜100%　2点：90%〜94% 1点：90%未満	25	125	3	75
	2 新規開拓	新規開拓 10件	上期末	件数実績/ 目標件数×100	5点：110%以上　4点：101〜109% 3点：95%〜100%　2点：90%〜94% 1点：90%未満	25	125	4	100
部門目標	1 部門売上	売上目標 5億円	上期末	部門売上実績/ 部門売上目標×100	5点：110%以上　4点：101〜109% 3点：95%〜100%　2点：90%〜94% 1点：90%未満	20	100	4	80
	2 前年同期伸長率	プラス 5%	上期末	売上高実績/ 前年同期売上高実績	5点：10%以上　4点：6〜9% 3点：3〜5%　2点：0〜3% 1点：0%	10	50	4	40
	3 他部門への支援度	定められた 支援業務に 対する遂行	上期末		5点：確実に遂行され、他部門から全幅の信頼を得ている。4点：確実に遂行され、他部門の業務も円滑に遂行されている。3点：ほぼ確実に遂行され、他部門の業務運営について支障をきたすことはない。2点：ミスがしばしばあり、他部門の業務運営に支障をきたすことが時々あり、他部門の業務運営に支障をきたしている。	10	50	3	30
	4 定常業務の質と量	定常業務の 出来栄え	上期末		5点：ミスはなく、全面的に信頼をもって完遂している。4点：ミスはほとんどなく、信頼できる。期日より余裕をもって完遂できる。期日通り完遂している。3点：ミスはしばしばあり、大きなトラブルなくすごすことができた。2点：ミスがしばしばあり、業務に支障をきたすことが時々あった。1点：ミスがしばしばあり、業務運営に支障をきたしている。	10	50	3	30
						100	500	合計点	355
									71%

もう一つ，部門業績を評価シートの中に入れたいときの，部門業績評価の例を紹介します（図表3-7）。

個々の数字的成績は出しづらく，所属する部門業績を個人の評価に反映させたい場合に使用します。図表3-7は，製造業で，目標に対する達成度で点数を決める内容です。

例えば，利益目標に対し，一番上の「部門利益計画達成率」の項目が「90％以上95％未満」だとすると，その評価項目は，「70ポイント」となります。

30％のウェイトをかけているため，70ポイント×30％で21点。

その他の項目も全て70ポイントだった場合，それぞれ項目ごとのウェイトをかけると，例のようになり，合計で70点，ということになります。以上2パターン，評価シート例を紹介させて頂きました。ご参考まで。

3. サンプル評価シートから，重要な項目を「選ぶ」

これまで，行動や能力，業績を評価するための評価シート例をご紹介してきました。

その他，職種ごとの専門能力については，必要であれば別に作成する

図表3-7　業績評価シートの例

	評価項目	定義	ウィエイト	0	10	20	30
部門実績	部門利益計画達成率	部門利益実績部門利益計画	30%	60％未満	60％以上65％未満	65％以上70％未満	70％以上75％未満
	部門生産性計画達成率	部門生産性実績部門生産性計画	30%	60％未満	60％以上65％未満	65％以上70％未満	70％以上75％未満
	部門チャレンジ度達成率	部門利チャレンジ度実績部門チャレンジド計画	20%	90％未満	90％以上95％未満	95％以上100％未満	100％以上105％未満
	部門生産高計画達成率	部門生産高実績部門生産高計画	20%	60％未満	60％以上65％未満	65％以上70％未満	70％以上75％未満
合計			100%				

必要がありますが，基本的な項目であれば，60ページ（図表3-5）の参考評価シートの項目だけでも，ある程度網羅できているのではないかと思います。

　本書では，このサンプルをベースに，会社のオリジナル評価シートの作り方を紹介していきます。

　ここから先は，60ページ（図表3-5）の評価シートを活用して作っていきます。

　全部で65項目あり，見てみるとほぼ，どの仕事でも必要な項目が並んでいます。

　対話式評価制度では，必要だからといってすべてを評価シートに組み込むのではなく，敢えて，**「本当に今，自分達の会社，部署にとって，最も重要な10項目を選ぶ」**ということを行います。

　重要な項目を無理矢理10項目に絞り込むことで，「自分たちが大切にすること」を，会社，従業員と共有するのです。そして，その項目選びを，基本的には社長とリーダーで，一緒に考えて選ぶのです。

　そして選ばれた10項目の中から，特に行動指針として掘り下げたい1項目を更に選び，その項目について「行動指針」を作成します。

　具体的に見ていきます。

評価ポイント							評価（×ウェイト）
40	50	60	70	80	90	100	本人
75%以上 80%未満	80%以上 85%未満	85%以上 90%未満	90%以上 95%未満	95%以上 100%未満	100%以上 105%未満	105%以上	70ポイント×30% ＝21点
75%以上 80%未満	80%以上 85%未満	85%以上 90%未満	90%以上 95%未満	95%以上 100%未満	100%以上 105%未満	105%以上	70ポイント×30% ＝21点
105%以上 110未満	110%以上 115%未満	115%以上 120%未満	120%以上 125%未満	125%以上 130%未満	130%以上 135%未満	135%以上	70ポイント×20% ＝14点
75%以上 80%未満	80%以上 85%未満	85%以上 90%未満	90%以上 95%未満	95%以上 100%未満	100%以上 105%未満	105%以上	70ポイント×20% ＝14点
							70／100 ①

第3章　対話式評価制度【構築編】

4.会社のオリジナル評価シートをつくろう

　基本的な手順は、以下の通りです。ただし、項目数などについて、本書では「評価項目10項目と、行動指針を作る評価項目を1項目」の構成を紹介しますが、自分たちのやりやすいようにアレンジしてください。ここでは、社長自らが評価シート作りに加わる、基本となるやり方を紹介します。

---
①社長が、特に重要視したい評価項目を6項目、選ぶ。
②リーダー達が、社長が選んだ項目以外で、特に重要視したい評価項目を3項目、選ぶ。残りの1項目は、個人が選ぶ項目とし、全部で10項目とする。
③全員で、「行動指針を作りたい項目」を1項目、選ぶ。
④選んだ1項目について、行動指針を作る。

　この4つのステップを踏むことによって、会社のオリジナル評価シート ＋ 今期の行動指針目標が出来上がります。
　さて、話は遡りますが、第2章で、「リーダーの育成から入ることが大事」という話をしました。
　そこで、まずはリーダー用の評価シートと行動指針を作ることから始めます。まずはリーダー自身が評価制度の対象者となり、リーダー自身が体験してから、部下を評価するステップを踏んでいきます。
　そこで、上記のステップに従って、「リーダー職の評価シートと行動指針作り」についてを、具体的に見ていきます。

5.リーダー職の「評価シートと行動指針作り」

　ここでは、以下のモデル企業を事例に、リーダー用の評価シートと行動指針作りについて見ていきます。
　対話を通じ、参加型で評価シートを作ることで、意識向上を図ること

を目的としています。社長自らが司会進行役で進めていくような格好の事例でみていきますが，事例の社長のように進めていけば，とても簡単に作ることが出来ます。

```
●モデル企業●
業　　種：介護福祉業
従業員数：30名
参　加　者：・社長（本日の司会進行役）
　　　　　　・一次評価者となる部門長（営業所所長）であるリーダー3名
　　　　　　　（松原所長，伊藤所長，高野所長）
テ　ー　マ：参加者3名に使う「管理職用評価シート」と，今期のリーダー
　　　　　　の「行動指針」を作る。
```

社長：まず，我が社の部門（部署）ごとのリーダーの目標を確認しよう。
　　　各々，リーダーであるみなさん，営業所長の目標は以下の通りだ。

```
①売上目標
　　A事業所（松原所長）：半期売上〇〇万円
　　B事業所（伊藤所長）：半期売上〇〇万円
　　C事業所（高野所長）：半期売上〇〇万円
②「ご利用者様にとって，安心できる第二の我が家を目指す」という目標
　に向け，職員を育成指導する。
③職員と信頼関係を構築し，離職率を下げる。また職員のモチベーション
　向上のため，コミュニケーションをしっかりと取る。
```

社長：これらを実現するために，所長達にとって何が一番大事なのか，どう評価シートに落とし込んでいくか，考えていこう。
　　　まず，ベースとなる評価シートを見てほしい（60〜67ページ参照）。

ステップ①　社長が，特に重要視したい評価項目を6項目，選ぶ

社長：評価項目としたいキーワードが，65項目，ある。この中には，「こんな人になってほしい」という願いが込められている。要点をまとめると以下の通りだが，まずは目を通してほしい（⇨リーダー達に一読してもらう）。

A群：社会人としての基礎

		こんな人になってほしい
1	職場ルールの遵守	職場のルールを理解，遵守できる人。また職場の状況の変化に応じて，ルールの見直しが必要だと思った場合，積極的に上司等に相談し見直しを提案できる人。
2	出勤時間，約束時間の厳守	常に約束の時間に間に合うよう事前の準備をしっかりできる人。また遅れそうな時のフォローがしっかりできる人。
3	先輩，上司の指示にしっかり従う	指示に対してはしっかり従い，疑問点などがあった場合は，はっきりさせた上で遂行できる人。
4	役割の理解	自分自身が会社から期待された役割を理解し，行動できる人。
5	責任感	常に任された仕事は，最後まで気を抜かずやり遂げられる人。
6	素直さ	上司等の指導は素直に受け止められる人。
7	ビジネスマナー	身だしなみや挨拶は，状況に応じて使い分けがしっかりできる人。コミュニケーションも丁寧にわかりやすい言葉で行える人。

B群：コミュニケーション・チームワーク

		こんな人になってほしい
8	報連相	漏れなく報告・連絡することはもちろん，必要なタイミング，手段など状況を見極めて行うことができる人。
9	コミュニケーション（社内）	自分が忙しい時でも，状況を見ながら，周囲へ協力するなど，積極的にコミュニケーションを図れる人。
10	コミュニケーション（社外）	顧客とのコミュニケーションを上手に取っており，信頼関係の構築に加え，売上向上など仕事にも良い影響を与えられる人。

11	お客様や同僚・上司への尊厳	顧客や上司・同僚などへ尊厳を持って接しており、配慮もできる人。信頼関係も構築されており、仕事へ良い影響を与えられる人。
12	チームワーク・協調性	仕事が遅れている同僚に積極的に声を掛け、協力の姿勢を見せられる人。また意見の異なる同僚に対しても考えを尊重し、良い方向へ持っていく事ができる人。
13	社内での協力関係	上司、同僚、後輩、すべての職場の仲間と、良好な関係を築けており、仕事をスムーズに進めることができる人。

C群：向上心

		こんな人になってほしい
14	積極性	難しい仕事に対しても積極的に挑戦できる人。会議などでも自分の意見をしっかり発言できる人。
15	資格取得や研修の積極参加	仕事に役立つ資格や研修を常に自分で探し出し、取り組められる人
16	向上心	仕事の進め方を常に検討し、積極的に、スキルアップに取り組める人
17	研究向上意欲	常に業務改善や売上向上などのために検討を重ねて上司等に提案できる人。
18	工夫する力と行動力	つまずいた時などは、自分なりに工夫を重ね、常に周囲の意見も聴きながら、事を進めできる人。

D群：経営参加の意識

		こんな人になってほしい
19	売上目標達成への意欲	常に売上目標達成に向けて、周囲とも連携しながら、行動できる人。
20	経営参加の意識	常に売上やコスト、経営理念など会社全体の事に関心を持って、自分がどう行動すべきかを考えられる人。
21	積極的な改善提案・新規提案	現状に満足せず、常に問題意識をもって、積極的に改善提案・新規提案をできる人。
22	上司補佐と意見具申	常にタイミングよく報告できる人。また上司から意見を求められても適切に答え、言われなくても自発的に意見を言い、十分に補佐できる人。

E群：成果達成への意識

		こんな人になってほしい
23	期限の厳守	繁忙期などでも常に仕事の優先度を確認し，期限を守りつつ，仕上がりも丁寧で顧客からも信頼される人．
24	顧客満足の追及	顧客が何を望んでいるのかを日々考え，周囲とも相談して最善最適な対応をすることができる人．
25	目標達成の追求	「やる」と決めた行動に対する目標について，実行できている人．

F群：業務処理能力

		こんな人になってほしい
26	仕事の速さ	仕事の処理スピードはとても速く，余裕を持って進められる人． 難しい仕事でも上司などに相談し，スピーディにこなせる人．
27	仕事の正確さ	仕事の内容はほぼ完璧で，顧客や周囲からの信頼を勝ち取り，模範となっできる人．
28	整理整頓	机やPCなど常に整理整頓されている事はもちろん，必要な書類やファイルが，すぐに取り出せる状態を保ち，業務効率化につなげられる人．
29	業務知識	どんな状況でも適切迅速に対処できるだけの高い知識を持ち，周囲からも頼られ，職場全体の底上げにつなげられる人．
30	トラブルの処理	トラブルに対して迅速に対処し，顧客との信頼関係を高める事につなげられる人．
31	理解力・判断力	高い理解力で顧客や同僚，上司の負担を減らすことができた．重要な事項も迅速に判断し良い方向へもっていくことができた．
32	PCの基本操作	Word, Excel, その他必要なPCの基本操作は，ほぼ問題なく，職場全体の業務効率化に一役買ってできる人．
33	関係者との連携・関係構築	常日ごろから，社内イベントなどに参加し，他部署の人間などと交流できる人．関係構築を通じて，自分の仕事にも活かす事ができる人．
34	顧客・取引先との折衝	伝えるべきことを，漏れなく正確に，かつ簡潔に説明することができる人．
35	「その他」業務全般能力	基本知識・電話応対・業務スピード・整理整頓・トラブル処理・報連相が高いレベルでできる人

G群：結果

		こんな人になってほしい・こんな成果を出してほしい			
36	目標の達成度	常に売上目標や生産進捗状況を確認し，未達成になりそうな時は，早めに手を打ち，結果として達成できる人。			
37	個人売上目標達成率	90～94%	95～99%	100～109%	110%以上
38	部署の売上目標	目標達成率 90%以上 95%未満	目標達成率 95%以上 100%未満	目標達成率 100%以上 110%未満	目標達成率 110%以上

H群：リーダーシップ

		こんなリーダーになってほしい
39	部署目標の達成度	部署の目標に対し，常に状況を確認し，未達成になりそうな時は，早めに手を打ち，結果を達成できるリーダー。
40	目標設定とその徹底化	会社の方針に沿った目標設定を常に設定し，部下のやる気を引き出し，部署全体の目標達成や良い雰囲気を作り出せるリーダー。
41	仕事の割り当て	部下の能力や適性を十分見極めており，それに沿った人員配置ができ，部下からも信頼を得られるリーダー。
42	仕事の進捗管理	常に仕事の進捗管理に気を配り，納期遅れを起こさないリーダー。遅れそうな時は，早めに関係各所へ連絡を取るなどして，必要な対応をできるリーダー。
43	業務の改善	常に業務改善の意識を持って仕事に取組み，部下にもその意識が浸透しており，改善効果を発揮できるリーダー。
44	問題解決	問題が発生したら，明確な原因をつかんだ上で問題解決できるリーダー。社長に報告する段階で，問題を解決できているリーダー。
45	部下の指導育成	都度必要で適切な指導育成ができており，会社が求める人材を育てられるリーダー。
46	他部門間との意見調整	常に他部門との良好な関係構築，適切な意見調整をし，業務も円滑に進められるリーダー。問題発生の時も，話し合いの上，解決できるリーダー。
47	管理者行動	常に管理者としてどうあるべきかを強く意識し，問題が発生した時なども冷静かつ前向きに行動し，部下からも頼られるリーダー。

48	企画力	常に環境の変化に柔軟に対応し，業務効率化のため実務性があり，かつ，創造性のある発案をできるリーダー。
49	決断力	日常的な問題はもちろん，困難な問題や突発的な事態に対しても，臨機応変に，かつ迅速・適切に決断を下すことができるリーダー。
50	部下との意思疎通	必要な指示は常に正確に伝わっており，指示しない事も部下が汲み取り，業務が効率良く流れる現場を作れるリーダー。
51	部下との信頼関係構築	常に部下に対して的確な指示，指導ができており，部下からの相談などに対しても真摯に対応し，信頼関係が構築されているリーダー。
52	離職率の改善	常に離職率について強く関心を持ち，チームの定着率を上げられるリーダー。
53	チームワークの形成	部下それぞれの能力を見極め，チームとしてまとめあげ，良い結果を出し，困難な仕事や非常事態にも対応できるリーダー。
54	評価力 （部下を評価する力）	結果だけなく意欲や過程を考慮した適切な評価ができるリーダー。
55	個別面談の実施	部下との個別面談を定期的に実施し，部下の仕事の進捗や成績，体調面などの状況を見極めた上で，フォロー面談も実施できるリーダー。
56	部下との面談力	まずは部下の話を真摯に聞き，状況に応じて必要な指導や助言をし，部下もよくそれに応え，仕事に取組み良い結果を出させることができるできるリーダー。
57	会議の進行力	短時間で結論もしっかり出る有意義な会議をできるリーダー。業務にもしっかり反映されて良い結果を出せるリーダー。
58	プレイヤーとしての能力	プレイヤーとして，仕事について部下たちの見本のごとくこなすことができるリーダー。
59	部下への依頼に対する責任	仕事を丸投げせず，頼まれた部下が結果を出せるよう，責任を持ってできるリーダー。
60	皆が嫌がる仕事の分担	皆が嫌がる仕事を，まずは自ら進んで行ってから，部下にやらせることができるリーダー。
61	褒め上手	褒め上手で，部下のモチベーションを上げることが出来できるリーダー。
62	叱り上手	叱り上手で，部下のモチベーションを下げることのない言い方伝え方ができるリーダー。

63	部下の理解	部下のことを理解し、部下からは「私の事を理解してくれている」という信頼感を持たれているリーダー
64	部下との約束の遵守	部下とした約束は、忘れずに守ってできるリーダー。
65	部下の指示についての決断力	曖昧な指示ではなく、しっかりと決断を下して指示できるリーダー。

（リーダー達に見てもらった後）

　どれも大事なことばかりだが、私の方で、皆さんに特に重要視してもらいたい項目を、6つ選んだので見てほしい。

社長の選んだ6項目

大分類	選んだ項目番号	キーワード（評価項目）
A群：社会人としての基礎	4	役割の理解
D群：経営参加の意識	20	経営参加の意識
G群：結果	38	部署の売上目標
H群：リーダーシップ	45	部下の指導育成
H群：リーダーシップ	51	部下との信頼関係構築
H群：リーダーシップ	55	個別面談の実施

> **解　説**
> まず社長は、4・20・38・45・51・55を選びました。
> なぜ、この項目を選んだのか、リーダー達に語ります。
> 「君たちはどう思う？」という質問をして、発言もさせてみましょう。

ステップ②　リーダー達が、社長が選んだ項目以外で、特に重要視したい評価項目を3項目、選ぶ

（残り1項目は、個人が選ぶ項目とし、全部で10項目とする）

社長：次に、君たちリーダーが、私が選んだ6項目以外の、残りの59
　　　項目の中から、「今の自分たちにとって、最も重要だと思う項目」

を，3項目，選んでほしいんだ。自分の事でなく，会社にとって，という目線で考えてほしい。

所長達：この中から3項目ですか??　どれも重要だと思うのですが‥‥。分かりました，選んでみます。

> **解　説**
> 　この「選ぶ」という狙いは，「大事なものは何か，どれも当てはまるが，その中から**優先順位を考える**」ところにあります。
> 　そしてこの後，各自，どれを優先順位として選び，なぜそれを選んだのか，発言をしてもらいます。その発言に対し，各自の意見を求めたり，社長の意見を言ってみたりしながら，ディスカッションを進めていき，最終的に評価項目を絞り込みます。

社長：では，松原所長から発表してもらおうか。松原所長は，どれを選んだかな？

松原所長：はい，私は，3，5，53，‥‥の，3項目にしました。

社長：なるほど。では次に伊藤所長は？

伊藤所長：はい，私は27，61，62‥‥の，3項目です。

社長：松原所長とは，重ならなかったね。でも，正解不正解があるわけではないからいいんだよ。例えば61を選んだ理由を聞かせてくれるかな？

伊藤所長：はい，なぜ61番の「褒め上手」を選んだかというと，この

キーワード一覧を見ながら日頃の部下とのコミュニケーションを振り返ってみると，ほとんど褒めていないことに気付いたからです。やはりもっと我々リーダーは，部下を注意するだけでなく褒めることを積極的に行うことをしていかなければならないと思います。結果として，明るい職場を作ることが，部門目標でもある離職率の低下につなげていけると思ったからです。

社長：なるほど，いい意見だと思う。松原所長，いかかかな？

松原所長：はい，伊藤所長がおっしゃられることももっともだと思います。大事なことですよね。

社長：では最後に，高野所長，いってみようか。

高野所長：はい，私は5，6，9を選びました」
　　　　・・・・

> **解　説**
> 　上記のような質問イメージで，「なぜそれを選んだのか？」という話だけでも，自然と会社の課題や自分が課題に思っていること等の対話が発生してきます。イメージとしては以上のような感じで，「3個選ぶ」というテーマでディスカッションを行い，評価項目を決定します。一次評価者が1名しかいない場合は，社長と1：1でやっても，普段の会話とはまた違う形でのディスカッションになり，よい刺激になることもあります。
> 　他にも選びたい項目があると思いますが，あえてそこは我慢し，「特に必要な3項目」に絞り込みます。社長が選んだ6項目と合わせて9項目，そして残り1枠は，自由に個人が選ぶ枠として残しておき，全部で10項目とします。
> 　ただ例で出している項目数はあくまで事例であり，会社の実情に合わせて頂ければと思います。
> 　議論の結果，13項目になった，ということになっても構いません。

図表3-10　リーダー用評価シート（シート④）

分類	番号	項目	求める結果	点数
意識・行動	4	役割の理解	自分自身が会社から期待された役割を理解し、行動していた。	
	5	責任感	常に任された仕事は、最後まで気を抜かずやり遂げ、終わった後に発生した問題なども引き続き責任を持ち続けた。	
	9	コミュニケーション（社内）	自分が忙しい時でも、状況を見ながら、周囲へ協力するなど、積極的にコミュニケーションを図っていた。	
	20	経営参加の意識	常に売上やコスト、経営理念など会社全体の事に関心を持って、自分がどう行動すべきかを考えていた。	
結果	38	部署の売上目標	部署の売上目標●●●万円／半期	
リーダー	45	部下の指導育成	常にその都度必要で適切な指導育成ができており、部下も意欲的にそれに応えて成長し、信頼関係も抜群であった。	
	51	部下との信頼関係構築	常に部下に対して的確な指示、指導ができており、部下からの相談などに対しても真摯に対応し。信頼関係が構築され、業務遂行に良い影響を与えていた。	
	55	個別面談の実施	部下との個別面談を定期的に実施し、部下の仕事の進捗や成績、体調面などの状況を見極めた上で、フォロー面談も実施していた。	
	61	褒め上手	褒め上手で、部下のモチベーションを上げることが出来ていた。	
個人目標				
				／50

2点 (2点にも満たない場合は1点)	3点 (業務に支障のないレベル)	4点	5点
役割を理解できていないことがあり、職責を全うできていないことがあった。	役割を理解し、行動を伴っていた。	役割を理解し、行動し、良い結果を出した。	役割を理解し、行動し、会社が期待する以上の良い結果を出した。
任された仕事について、途中で投げ出す事があり、周囲に迷惑をかける事があった。	任された仕事は、おおむねやり遂げ、問題となる事はなかった。	任された仕事は、最後まで気を抜かず、やり遂げていた。	最後まで気を抜かずやり遂げる事はもちろん、後のフォローも責任を持ち続けた。
一部の人間とうまくいっておらず、業務に支障をきたすこともあった。	おおむね業務に支障ない程度に行う事ができていた。	積極的に声掛けをして、協力していた。	積極的に声かけをして、部署によい雰囲気を作れていた。
売り上げや会社目標について、また、経営に対する関心について、意識を持てていなかった。	売り上げや目標について、理解、把握をすることはできていた。	「どうすれば会社がもっと良くなるか？」を意識し、自ら積極的に行動をしていた。	「どうすれば会社がもっと良くなるか？」を意識し、自ら積極的に行動をし、実際に成果につながった。
目標達成率90%以上95%未満	目標達成率95%以上100%未満	目標達成率100%以上110%未満	目標達成率110%以上
部下の指導育成が疎かになりがちで、業務に支障をきたしていた。	指導育成は概ねできていた。	必要かつ適切な指導育成ができており、部下も順調に成長していた。	常に必要かつ適切な指導育成ができ、部下の成長だけでなく信頼関係も抜群であった。
指示や指導に問題があり、部下からの信頼を失い、業務に支障をきたしていた。	指示や指導は概ねできており、部下との信頼関係もある程度構築されていた。	指示や指導が的確で、部下からの相談などにも対応し、信頼関係が構築されていた。	常に指示や指導が的確で、相談にも真摯に対応し、リーダーとして高いレベルのチームを作れていた。
忙しいという理由で、部下との個別面談の実施機会を持とうとしなかった。	部下との個別面談は、不定期ではあったが、実施していた。	部下との個別面談は定期的に実施していた。	部下との個別面談を定期的に実施し、必要があればフォロー面談も実施していた。
やや、褒め方がうまくできていなかった。	うまく褒められていた。	上手く褒め、部下のモチベーションアップにつなげられていた。	褒め上手で、部署全体から厚い信頼を受けていた。

「会社として，皆で大事なことを共有して取り組んでいこう」と，同じ方向を見るための「選択の作業」です。また営業所ごとの事情が異なる場合などは，各自別々の評価項目になってしまってもOKです。
　とにかく評価項目数を増やし，細かく色々なところを評価する，というやり方ではなく，どこを集中的に強化するのか，絞ります。
　そしてなるべく1枚の評価シートにおさまるようにします。
　この会社では皆でディスカッションをした結果，5・9・61の3項目にまとまりました。
　したがって，社長が選んだ6項目と，リーダー達が選んだ3項目を合わせて，今期の評価シートは図表3-10のようになりました。

ステップ③　全員で，「行動指針を作りたい項目を1項目，選ぶ

社長：9項目揃ったね。これを，評価項目にしよう。
　　　では次に，この9項目の中から，更に「最も重要」で，どのような行動をすべきか掘り下げて考えたい1項目を選んでみてほしい。

所長：掘り下げたい項目を，1項目ですか!?

社長：そう，1項目。いま，この3人が考える，最も重要な項目は，どれだろうか？ そしてその1項目について，「具体的な行動指針」を，作っていきたいと思う。

解　説

　さらに，「最も重要で，具体的な行動について掘り下げて考えてみたい1項目」を，各自選んでもらいます。
　先程と同じく，「なぜそれを選んだのか？」という発言をしてもらいます。
　社員としては，「なぜ選んだかというと‥‥」という形でスタートが切れるので，自分の意見や思いが発言しやすくなります。

よく聞く感想として，「○○さんが，それを選ぶとは意外だったな〜。そんなことを考えていたんだね」というような感想が出てきます。
　また経営者側も，「私はこの項目が一番大事だと思う。なぜかというと‥‥」と，話がしやすいという感想が多いです。そして聴いている側としても，単に会議の中で一方的に話を聞くよりも，このような対話形式で社長が話す言葉は，頭に残るようです。
　この対話をしている段階で，単に会社から評価シートを提示されたり，もしくは単にシートを渡されて，「この評価シートを見直して，ちょっとうちの会社に合うように完成させてみて」と宿題にしてしまうよりも，断然，「評価制度をやっていこう」という参加意識が芽生えてきます。

ステップ④　選んだ1項目について，行動指針を作る

　評価シート自体は出来上がっていますが，更にもう一歩，踏み込み，「行動指針」まで作ってしまいましょう。
　これは，具体的に「どういう行動をすればよい評価へつながるのか？」誰にでもわかるように文章に行動内容を落とし込む，というものです。
　先程のモデル企業の続きに戻りますが，ステップ③で話し合った結果，特に重要視したい，また行動として掘り下げたい項目として，「45番の部下の指導育成」という項目が選ばれたとします。

＊＊＊＊＊＊＊＊＊＊＊＊＊＊＊＊＊＊＊＊＊＊＊＊＊＊＊＊＊

社長：よし，では今期のこのメンバーでの最重要テーマは，「部下の指導育成」にしよう。
　　　この「部下の指導育成」というテーマについて，もっと掘り下げて考えてみたいと思う。
　　　これからどう，皆さんから知恵を絞ってもらいたいかというと，「どのような行動をすれば，「部下の指導育成」という点について，もっと会社が良くなるか，を考えてほしい。とにかく，「超

具体的な行動」を考え，フセンに書いてもらいたいんだ。

所長：超，具体的な行動‥‥ですか。

社長：そう。例えば，の例を出そう。ある遊園地でに，「顧客満足度の追求」というテーマについて，来園者の子どもに風船を渡すときは，次のような行動指針があるそうだ。

> ●評価項目テーマ「顧客満足度の追求」●
> 子どもに風船をあげるときは，必ずしゃがんで，子どもの目線に合わせて風船を渡し，頭を撫でながら目いっぱいの笑顔で風船を渡してあげる。

清掃スタッフも，販売店の人も，全員がこの行動をすれば，すごくいい遊園地になるだろう，という，超具体的な行動だ。例えばリーダーの行動指針に当てはめると，こんな例もあるぞ。

> ●評価項目テーマ「部下との信頼関係構築」●
> 忙しそうで焦っている部下がいたら，落ち着いてもらうために，「なにか手伝えることはある？」と声を掛ける。

この行動ができれば，結果として部下との信頼関係が構築できるだろう，という，超具体的な行動だ。

さあ，みんな，それぞれの知恵を付箋に書いてみよう！

> **解 説**
> 各自に付箋を配り，付箋1枚につき，1アイデア，という形で，超具体的な行動を書いてもらいます。
> 「最も重要な評価項目」を1つ，みんなで選び，そしてその項目について，どのような行動をすれば会社が良くなるのか，知恵を出し合い，また，それを発表してもらいます。

行動指針については，自由に書いてよいのですが，少し，書き方のコツがあります。
例えば，以下のようなイメージです。

【文章（評価項目）の書き方のコツ】

「どんな場面で」，「どんな成果を得るために」「どんなことをするか？」
- 評価項目：「部下との信頼関係の構築」の例
  「どんな場面で」（忙しそうで焦っている仲間がいたら）
  「どんな成果を得るために」（落ち着いてもらうために）
  「どんなことをするか？」（「なにか手伝えることはある？」と声を掛ける）
  ⇨掛ける言葉，行う準備，報告，工夫，気遣いなど‥‥

「いつ」，「どれくらい」，「何を」という順で書く。
- 評価項目が「向上心」だった場合の例
  ⇨「始業前の」「10分間」，「日経新聞の経済面を読む」

- 営業職で評価項目が「目標達成の追求」だった場合の例
  ⇨「毎週月，水，金の1時間」，「週100通」，「チラシを配る」

社長：おっ。早速，伊藤所長が1アイデア，出たね。読ませてもらおう。

●評価項目テーマ「部下の指導育成：伊藤所長の作品」●
入社6ヶ月以内の新人に対しては，
1日の仕事が終わった後，
10分間時間をとり，①本日の良かったところを褒めてあげる。
②質問をしてもらい，話しやすい関係を作る。

社長：なぜ伊藤所長は，この行動指針を書いたのかな？

伊藤所長：はい。やはり入社してすぐ退職してしまう新人が多いのが課題です。話を聞くと，どうも「みんな忙しそうで声をかけづらい」ということが理由で，孤立感を感じて辞めていってしまう人が多いと聞いたものですので，そのような離職者を減らすため

に，きっとこの行動で所長自らがコミュニケーションの場づくりを行えば，新人との距離も縮まり，その日のうちに疑問も解決して，定着率が上がると思ったからです。

社長：とてもいいと思う。その行動をすれば，部下の指導育成につながるね。
　お，次は松原所長ができたね。読ませてもらおう。

> ●評価項目テーマ「部下の指導育成：松原所長の作品」●
> 　誰かが悩んでいたり，困った表情をしていたときは，積極的に声をかけてあげる。
>
> （例）
> 「何か悩んでること，困っていることはある？」と声をかけてあげる。

> 解　説
> 　このような形で，自ら考え，付箋に書き出し，また発言をしてもらうことで，意識の向上を図っていきます。同時にコミュニケーションを通じて，経営者と一緒に頑張っていこうという雰囲気づくりにもなってきます。
> 　結果として，「会社にとっていい行動」のマニュアルが出来ていくことにもなります。
> 　たいてい20分もあれば，1人2～3行動位は出てきますので，時間もそれほどかかりません。

社長：だいぶ出てきたな。では，一覧で出してみよう。

●最重要評価項目「部下・後輩の指導・育成」●

①部下との面談のとき、チーム全体の目標だけでなく、個々の部下にもはっきりした目標を与える。
　　（例）あいさつを徹底する、残業時間の削減、など、具体的な目標を与える。
　　・〜の防止　・〜の徹底　・〜の達成　・〜の向上　・〜の確立
　　・〜の削減　・〜の改善　・〜の低減　・〜の見直し　・〜の追及
　　・〜の設定　・〜の効率化‥‥など。

②部下に新しい仕事を任せるときには、まず自分から詳しく説明し、次に部下に意見を言わせてその理解度を確かめてから仕事を任せる。

③部下がお客様から不当なクレームを受けたとき『私の指導が間違っていました。責任は私にあります』などと言って、その部下を保護してあげる。

④誰かが悩んでいたり、困った表情をしていたときは、積極的に「何か悩んでること、困っていることはある？」と声をかけてあげる。

⑤部下の仕事の内容が一部変更になるときは、事前に部下の意見を聞き、「なぜ変更になるのか？」理由を説明したうえで、指示に入る。

⑥毎週１回、10分間、個別面談を行う。
　毎月１回、入社６ヶ月以内のメンバーに対し、30分間、個別面談を行う。

⑦人のせいにしない・他責ではなく、まず自責
　・まずは、「自分の悪かったところはどこか？」を考える
　・注意をするときは、「私も●●だったところがよくなかったけど‥‥」と、前置きをする。
　・部下が結果を出せないのは、まずは自分の責任と考える（ただし、自分を責めすぎないこと）

⑧部下との約束事は、必ずメモを取り、失念しないようにする。

社長：よし、では、これを最重要項目として、今期の所長の行動指針として、取り組んでいこう。

> **解　説**
>
> 　このように，評価シートを完成させ，そのほか最重要評価項目である「部下の指導育成」については，行動指針を明確にし，取り組んでいきます。
>
> 　①評価シート
> 　②最重要評価項目の「超具体的行動指針」
>
> 　この２点を用いて，所長達の評価シートと行動指針の完成です。
> 　今回は管理職の例ですが，評価シートについては，職種ごとに内容が変わってくると思います。故に複数パターンが必要になってきますが，どのパターンも作り方は同じです。

社長：具体的な行動指針ができてきたな。この行動が全員できれば，良い関係が築けそうだね。みんな，がんばっていこう！

所長達：はい！

STEP5. 年間スケジュールを立てる

　次に，年間スケジュールを立てます。決めることは，

①評価期間（上期，下期の期間など）
②評価実施（評価シートの記入）の時期
③フィードバック面談の時期
④評価後の反省会の時期‥‥評価シートの見直しの必要性などを振り返る会議

などです。
　何度も言っていますが，評価については，つい，仕事の優先順位が後

図表3-11　年間スケジュールの例「上期1～6月、下期7～12月」の例

	1月	2月	3月	4月	5月	6月	7月	8月	9月	10月	11月	12月
							賞与					賞与
					面談期間					面談期間		
					1次評価 5月上旬に提出					1次評価 10月上旬に提出		
					2次評価 5月下旬に会議					2次評価 10月下旬に会議		
	上期評価対象期間（1月1日～6月30日）						下期評価対象期間（7月1日～12月31日）					
				評価者研修					評価者研修			
							上期評価反省会					
	上期						下期					
	評価者研修						下期評価反省会					
	評価反省会（シートの見直し等）											

第3章　対話式評価制度【構築編】

図表3-12 「上期4月〜9月、下期10月〜3月」の例

	4月	5月	6月	7月	8月	9月	10月	11月	12月	1月	2月	3月	4月	5月	6月
上期	上期評価対象期間 (4月1日〜9月30日)						評価実施 1次評価 10月上旬に提出 2次評価 10月下旬に会議	面談期間	賞与						
下期							下期評価対象期間 (10月1日〜3月31日)						評価実施 1次評価 4月上旬に提出 2次評価 4月下旬に会議	面談期間	賞与

上期評価スタート
(4月1日〜9月30日)

回しになりがちです。別にやらなくたって，お客様からクレームが来るわけではないので，ついつい後回しになりやすい仕事です。そういう意味でも，スケジュールを見やすく周知しておくことと，そしてそのとおり実行するための管理は，運用面でとても重要になります。

> **解　説**

　賞与の時期や昇給の時期など，評価結果を人事に反映させる必要がある場合，どうしても評価期間中に評価シートを付け始めなければならないことも起きてしまうかもしれません。

　例えば，1月〜6月が評価期間だとして，7月に賞与支給日がある，というようなスケジュールですと，6月が終わってから評価を付けると，7月の賞与の査定に間に合わない，ということになるでしょう。そういう場合は，半端になりますが，評価期間を『12月〜5月，6月〜11月』にするか，もしくは図解の例のように，評価期間中に評価を付け始めてしまうか，など，ひと工夫必要になってきます。このあたりのスケジュールをしっかりと決めておきましょう。

STEP6. 評価の付け方のルールを作る
〜一次評価者と二次評価者の役割分担〜

　次に，評価の付け方のルールを作ります。
　いわゆる，最終評価を決定するまでの手順やルールについてです。
　具体的には，一次評価者，二次評価者の役割決めと，最終評価決定（例えば，S・A・B・C・D）までのルールを作ります。
　会社によって，やりやすさやあるべき姿は様々です。本書では，「中小零細企業が運用しやすい評価制度」を目指しており，そのためのベースの考え方をお伝えしていきます。
　例えば最終評価はA・B・Cの3段階にしたいとか，逆に8段階くら

いにしたいとか，設計は自社のやりやすい形にアレンジしてください。本書では「S・A・B・C・D」の5段階評価で，解説を進めていきます。

1．一次評価者の役割と評価の付け方

① 一次評価者は，直属の部下の評価シートを記入する。

まず日頃から一番間近で部下を見ている直属の上司が一次評価者となって，評価シートを用いて点数を付けます。

その時に決めておかなければならない重要な取り決めごとが，「相対評価と絶対評価」です。

【相対評価と絶対評価のルールを決める】

「相対評価と絶対評価のルールを決める」ことは，評価者ごとのバラつきを抑えるための，非常に重要な部分です。

まずは，相対評価，絶対評価の意味から見ていきます。

●相対評価とは？

一言で言うと，以下の図のようなイメージで「周りの人と比較して，競争で点数を付ける評価の仕方」です。

1点 5％	2点 20％	3点 50％	4点 20％	5点 5％

おおむね半数が「3点」になるようにする

例えば，一つの評価項目について，上記の図のように，評価する集団のうち，上位5パーセントは5点，その次の20％位が4点，半分くらいは3点，下位20％は2点，最下位の5％は1点にしよう」という例です。評価する集団の中で，標準位と判断された人は，3点，となります。

●絶対評価とは?

評価する基準が決まっており，この評価基準に照らしてどの段階であったかを評価します。

(例) 項目：経営参加の意識

常に売上やコスト，経営理念など会社全体の事に関心を持って，自分がどう行動すべきかを考えていたか？

評価点数	評価基準
5	「どうすれば会社がもっと良くなるか？」を意識し，自ら積極的に行動をし，実際に成果につながった。
4	「どうすれば会社がもっと良くなるか？」を意識し，自ら積極的に行動をしていた。
3	売上や会社目標について，理解，把握することはできていた。
2	売上や会社目標について，また，経営に対する関心について，意識を持てていなかった。
1	2点にも満たなかった。

絶対評価では，周囲と比較せず，「その人がどうだったか？」を見て評点します。したがって，全員5点になってもよいですし，1点になってしまっても構いません。絶対基準で評価する方法を「絶対評価」といいます。

☞会社として行う大事なこと

会社として大事なことは，「我が社はどうするか？」を，はっきりと決めておくことです。

そして，決まったことを，評価制度説明資料や評価者研修を通じて，全員に教育をすることです。

ここを決めないと，人によっては「私は○○さんと比べると全然できてないし‥‥」と，人と比較して相対評価で評点する人もいれば，しっかりと評価基準を読んで，絶対評価で評点する人も出て，評価のバラつ

きの原因となってしまいます。

しっかりと,「当社はどうするのか?」を,決めましょう。

会社のルールとして統一しておくこと

・自己評価は行わせるのか?
・一次評価者は絶対評価,相対評価のどちらでやらせるのか?
・二次評価(最終評価)は絶対評価,相対評価のどちらでやるのか?

```
●当社はどうするか?●
自己評価 ⇨ 行う・行わない │絶対評価・相対評価│
一次評価 ⇨ │絶対評価・相対評価│
二次評価 ⇨ │絶対評価・相対評価│ ⇨ S・A・B・C・D
```

多くの会社が,この部分のルール統一ができていません。そしてそれが理由で評価者間のバラつきにもつながっています。

会社によってどちらを取るかは様々ですが,一般的には,基本的に,自己評価,一次評価は絶対評価で行います。

なぜなら,自己評価,一次評価を相対評価で行うと,例えば同じAさんという方がいたとして,Aさんが,ベテランの多い部署にいれば,周囲と比較して評価すると点数は低くなり,逆に新人だらけの部署だと,周囲と比べるとレベルが高いため,高い点数になってしまいます。

そうすると「どの部署にいるか?」によって,同じAさんでも評価が上下してしまい,正確な評価になりません。そうなると,会社全体のバラつきの原因になってしまいます。そのため,絶対評価で「Aさん自体の行動,能力,結果がどの程度か?」で,評点をします。

特に部署が複数あり,評価者も複数いる場合は,絶対評価でいくべきでしょう。

ただし,少人数で相対評価の方が評価が付けやすい,という場合や,

相対評価の方が評価しやすい評価項目については、そこだけ、相対評価にする、ということでも構いません。

その場合は、評価シートに「相対評価でつけるように」分かりやすく指示をしたり、「平均よりできていた」などというような表現を使うなど、評価基準の書き方を工夫しておくとよいでしょう。

●事務手続きの能力評価について（相対評価の場合の例）

評価項目	求める結果	評価方法	2（2点にも満たない場合は1点）	3	4	5
事務処理能力	ミスは全くなく、スピーディーに業務をこなし、顧客からの信頼も厚く、周囲の模範となっていた。	相対評価	全社的に見て、下位に属するレベル。	全社的に見て、平均的なレベル。	全社的に見て、高いレベル。	全社的に見て、最高レベル。

絶対評価・相対評価を明確に指示しよう

　絶対評価、相対評価の知識がない評価者が評価シートを付けると、「最初に評価した人が基準で以後の被評価者の点数が変わってしまう」ということがよくあります。

　例えば5人、評価する人がいたときに、最初に最も仕事のできる高評価の人の評価シートを付けると、以後の人については、「この項目は、○○さんが5点付けたから、4点かな」というように、最初に評価をした人と比べて何点か、という点数の付け方をしてしまいます。

　逆に最も仕事のできない人を最初に評価すると、以後に付ける人は高くなってしまう、ということが起きてしまいかねません。

　評価者研修を通じてこういうことを教えないと、「相対評価」によるバラつきがでてしまう要因になってしまいます。

> こういう現象を防ぐためにも，評価者は「絶対評価，相対評価，どちらでやるのか？」を明確に理解しておく必要があります。
>
> 絶対評価でやるのであれば，「人と比べずに，必ず評価基準をよく読んで，評価をするように」と，教えておくことが大切です。

② 一次評価者の時点での総合点数を出す（％で点数を出す）

評価シートを付けていくときに，「人によって，評価できない評価項目がある」ということが，よくあります。同じ部署だけど，ある人にはその仕事が発生せず，評価ができないようなケースです。

例えば製造業の現場職の評価シートの中に「納期の厳守」という評価項目があったけれども，ある人については，全くその項目の仕事がない，というようなケースです。

こういうことが起こりえることを想定し，最後の点数は「％」で出す方法があります。

☞ 総合点数の出し方（％で点数を出す）

前記の例のように，評価シート記入の際，「評価がつけられない項目」があったら，そこは評価せず，飛ばします。

そうすると，人によっては，「評価項目数×5点」で計算すると，評価項目数が異なるため満点が異なってきます。そこで最後は，「合計点数/満点」で，％を出し，その数字を評価点とします。評価できない項目について，無理矢理点数を付けるようなことはしません（よく，評価できないから3点（真ん中），というような付け方をしている人を見かけます）。

評価項目数が違っていて満点が人によって違っても，最後に％にして出すため，公平感が多少は保たれます。

③ 一次評価者の時点でのS〜Dを出す

各評価項目の点数を付けたら，点数に応じて一次評価者に評価（S〜D）を付けてもらいます。

例えば以下のようなイメージで，評価基準を設けておきます。

評価基準の例

90点以上	S
80〜89点	A
60点〜79点	B
50点〜59点	C
50点未満	D

以上のようにして，まずは一次評価者の段階で合計点数と評価を出します。

一次評価者の評点表のイメージ

評価項目		配点	一次	二次(最終)
意識・行動	役割の理解	5	5	二次は一次のチェック
	責任感	5	3	
	コミュニケーション（社内）	5	3	
	経営参加の意識	5	3	
結果	部署の売上目標	5	4	
リーダーシップ	部下の指導育成	5	3	
	部下との信頼関係構築	5	3	
	個別面談の実施	5	2	
	褒め上手	5	4	
個人目標	報連相	5	4	
小計		50	34	

『点数/満点』で計算し，最後に％にしたものを点数とする（小数点以下四捨五入）。
・上記の例でいうと，34点/50点⇨68％となるため，68点。
・評価基準の表で合わせると，B評価となる。

2. 最終評価者の役割と評価の付け方

　企業規模により，二次評価，三次評価とあったりして，最終評価者までの段階が異なってきます。ここでも大切なことは，どの段階の評価者がどういう役割を担うのか，明確にしておくことです。最終的には，102ページの図「（例）評価者の役割表」で，我が社の評価者の役割を見える化します。

☞ 二次評価者を置く場合

　もし最終評価者の前に二次評価者を置く場合は，基本的には一次評価者と同じ役割を担います。一次評価者とのダブルチェック機能という位置づけになるでしょう。

☞ 最終評価者の役割

　最終評価者も評価シートを記入して一次評価者と比較する，というやり方でも構いませんが，多くの場合，時間的にも，また普段の目の行き届き具合から見ても，難しいことが多いでしょう。

　会社それぞれではありますが，基本的には，「一次（と二次）評価者のチェック的な役割」を担ってください。

　具体的には，「一次（と二次）評価者の評価が妥当か？ 甘すぎる人，辛すぎる人がいたら，一次（と二次）評価者と話し合いをして，もう一度評価の仕方の確認や見直しをしてもらうなど，一次（と二次）評価者をチェックする立場をとる」，というスタンスです。

① 最終評価を決定する

　最終評価については，基本的には，相対評価で行います。

　もし評価結果を賃金に反映させるのであれば，相対評価とせざるを得ないケースが多いでしょう。なぜなら最終評価を絶対評価で行った場

合，評価がいい人が多いと総じて賃金総額が上がりすぎてしまうからです。

したがって基本的には，一次（と二次）評価者が上げてきた絶対評価の結果を見ながら，相対評価で最終調整を行います。

最終評価の段階で，全体的に見て順位付けをする，というイメージです。

相対評価で決める場合の評定基準の例

S	A	B	C	D
全体の0〜5%	全体の20〜25%	全体の50%前後	全体の20〜25%	全体の0〜5%

※S・Dについては，該当者なしの場合もある。

相対評価の目安分配表

	社員数		
	10人の場合	20人の場合	30人の場合
S	0〜1人	0〜1人	0〜2人
A	2〜3人	4〜5人	6〜8人
B	5人	10人	15人
C	2〜3人	4〜5人	6〜8人
D	0〜1人	0〜1人	0〜2人

② 一次（と二次）評価者との大幅なズレがある場合

一次（と二次）評価者と，自己評価の点数が2段階以上離れている場合は，一次（と二次）評価者に説明，または協議をします。

例えば，一次評価者がAを付けてきたけど，最終評価ではCになった場合などです。会社全体で相対評価を出した結果，そうなったのであれば，その旨の説明をしてください。

そうではなく，どうも一次評価者と最終評価者の評価に違いがありすぎると思った場合は，なぜここまでかい離が出るのか，事情を協議しま

しょう。

　説明もなく評価を大幅に変更してしまうと，前段階の一次評価者や二次評価者は，「何のために評価したのか分からない。結局最後は社長がすべて決めるんだから，自分が評価なんてしなくたっていいじゃないか」という気持ちになってしまいます。

　忙しい中，評価を付けてくれている方たちの気持ちも考えて，最終評価を一次（と二次）評価者に伝えてあげるようにしてください。

（例）評価者の役割表

評価者	役割
一次評価者	・絶対評価により，被評価者を評価する。 ・時には情報提供者からも情報を収集し，被評価者を評価する。
二次評価者	・絶対評価により，被評価者を評価する。 ・時には一次評価者，情報提供者からも情報を収集し，被評価者を評価する。 ・一次評価者と異なる評価結果になった場合は，必ず一次評価者に差異を説明する。 ・評価の結果を，最終評価者に説明する。
最終評価者 （社長）	・一次評価者，二次評価者のチェック的役割。 （評価者の評価が妥当か？のチェックで，評価シートの記入はしない） ・二次評価者の説明に基づき，最終評価を相対評価で決定する。 ・調整した評価結果について，二次評価者へ報告する。

情報提供者	役割
	・一次評価者が同一部署に所属しない場合や，評価期間中の異動により，一次評価者が判断しきれないときに，一次評価者，二次評価者へ情報を提供する。 ・状況に応じて，人事評価の参考となる情報を一次評価者，二次評価者へ情報を提供する。

☞ 一次評価者間のバラつき（甘い，辛い，が出すぎてしまった場合の対策）

先程，「最終評価者は，一次評価者のチェック的役割」と述べましたが，その結果，あまりにもズレている一次評価者がいた場合は，どうすればよいでしょうか？

その場合は，「かい離率表を使う」という方法があります。部門平均点による調整を行う方法です。

● かい離率表の使い方（評価者間の甘辛調整を行う）

① まず，一次評価者が出してきてくれた，全社全員分の平均点を出します。

①全社員の平均を出す

氏名	点数
山田	94点
齊藤	86点
佐藤	79点
伊藤	72点
大田	66点
ほか30名	
全社平均	80点

⇨ 全社平均は，80点だった。

②次に、各一次評価者が評価した、部下達の平均点を出します。

②一次評価者の平均を出す	
氏名	評価者ごとの平均点
部長A	95点
部長B	90点
部長C	85点
部長D	80点
部長E	75点

⇨一次評価者のA部長は、評価が全体的に甘く、社長の目から見ても評点が甘すぎる‥‥。

③評価者ごとの平均点と、全社平均を比較して、調整が必要そうな一次評価者がいたら、「調整点」を、下記の「かい離率表」から算出する。

【かい離率表の例】

点のかい離幅	調整点（＋－）
1～10	0
11～15	5
16～17	6
18～20	8
21～	11

例えば、部長Aは甘すぎると判断したため、部下の点数の調整を行います。

部長Aの4人の各部下の点数が、95点、95点、100点、90点だったとします。

そうすると、部長Aの部下の平均は95点となります。

そうすると、先ほど出した全社平均は80点だったので、A部長の平

均95点と比べると15点のかい離があります。

そこで「かい離率表」のかい離幅15点の所を見ると，調整点は「5点」になります。

そこでA部長が評価した部下については，全員5点マイナスして，「調整後の点数」とします。

部長Aの部下の点数の調整

氏名	部長Aの点数	調整後の点数
〇　〇	95点	90点
〇　〇	95点	90点
〇　〇	100点	95点
〇　〇	90点	85点
部長Aの平均	95点	90点

全体的なバランスを見て調整後の点数が妥当そうであれば，このような調整点を加味することにより，評価者間の「甘辛調整」を行うことが出来ます。

● かい離率表を使った場合のデメリット

ただし，デメリットとしては，この手法を用いると，「高い評価の人，低い評価の人も，真ん中に寄ってしまう」というデメリットがあります。

したがって，あまり用いない方がよいのですが，明らかに評価者間のバラつきが出る場合は，この「かい離率表」を作成して，評価者間調整を行い，評価者ごとのバラつきを抑えることが可能です。

初めて評価を行ってみて，あまりにも評価者間での甘辛のバラつきが出てしまったとき，必要に応じてかい離率表の発動を検討してみてください。

そして，「ちょっとおかしい評価点をつけているぞ」という一次評価者に対し，指導をし，以後，使わなくて済むようにしていきましょう。

☞ 最終評価は，相対評価の方がよいのか？

あくまでもこれまで述べてきた評価方法は一般論ですので，最終評価も絶対評価でやっても構いません。

いい評価が付く人が多い場合，それは喜ばしいことですので，「無理に順位を付ける必要はない」という考え方であれば，最終評価も順位によって決めるのではなく，一次評価者から上がってきた評価結果を基に，S～Dについて分布を考えずに決定します。

特に数名程度の小規模の会社の場合は，絶対評価で行った方がよい場合があります。

これも，「当社の場合，どちらがやりやすいのか？」を考え，ルールを決定してください。

STEP7.フィードバック面談を行う

STEP6までで，「評価結果を出す」というところまでは，完了です。

各自の評価が出そろったら，評価の結果についてなどを本人と話し合う，「フィードバック面談」です。

対話式評価制度においては，この「フィードバック面談」が最も重要です。

それは，人事評価の一番の目的は何か？ という最初の理念に戻りますが，「人材の定着，育成」のためにやる，ということを考えたとき，評価を付けるだけでは人の成長にはつながりません。

自己評価をしてもらい，上司が評価をし，「できている，できていない」の双方のギャップを発見したり，部下の指導育成や目標の確認をしたりして，新たな目標へ向けて成長するための「フィードバック」がなければ，本来の目的は達成されないのです。

だからこそ，「最も重要」と位置付けています。

では，どのようにフィードバックを行うのか？

ここでも,「会社としてのルールを統一する」ことが重要です。フィードバックのルールを決めておかないと,面談を行う評価者,行わない評価者と別れてしまったり,やり方がバラバラになってしまったりと,本来の目的からどんどん離れていってしまう現象が起きてきます。

STEP7では,フィードバック面談の基本的なやり方を紹介します(フィードバック面談の事例イメージは第5章で紹介していきます)。

まずは,その目的から見ていきましょう。

1.フィードバック面談の目的

フィードバック面談とは,何度も出てきていますが,簡単に言ってしまえば評価の結果をふまえ,部下にその内容をフィードバックする話し合いの面談です。何をどこまで伝えるのか,会社によってそのルールは様々です。

そして対話式評価制度においては,フィードバック面談の主な目的として以下の2つを掲げています。

---

①評価していることを褒め,感謝を伝える
　⇨モチベーションのアップ
　　上司と部下の良い人間関係の形成
②今後の目標についての合意形成

以前も触れましたが,面談については基本的に直属の上司である一次評価者と最終評価者(または一次評価者より上位の者)と,被評価者との3名で行います。

最終評価者(会社規模によっては社長が望ましい)や,一次評価者よりも上位の者が同席することにより,いつもと違った,いい意味での緊張感のある場づくりを行いましょう。

では,面談時における上司(一次評価者)の役割は何か？について,

整理していきます。

☞上司（一次評価者）の役割その①　部下のモチベーションを上げる
　人のモチベーションは，パフォーマンスに大きな影響を与えるのは言うまでもありません。
　お店の店員さんの笑顔も，営業マンの「1件でも多くテレアポをする」行動も，事務員の電話の応対一つにしても，すべての根底にモチベーションがあります。
　そして誰もが「私は頑張っている」という，自負があります。そして，認めてもらいたいという承認欲求があります。
　褒められてモチベーションが下がる人はいませんから，上司の立場として頑張ってくれていることに感謝をし，しっかりと言葉にして褒めてください。また時間があれば，「上司が気づいていない，自分で頑張ったとPRしたいこと」も話してもらいましょう。話すことですっきりし，意外とそれだけでモチベーションが上がることもあるし，上司側も気づきにつながります。

☞上司（一次評価者）の役割その②　部下に何を期待しているのかを明確に伝えること
　面談の最後に今後の目標を決めますが，会社としてあるいは上司として，「部下に何を期待しているのか？」を明確に伝えてください。意外と上司の期待していることと本人がやろうとしていることにギャップがあることが多々あります。言わないと部下も分かりません。明確に期待していることを，上司が求める目標を，伝えてください。

☞上司の役割その③　目標について，「合意を形成」すること
　会社としてあるいは上司として期待していることが，部下の目標となるわけです。目標というのは，納得しなければ頑張る気持ちにはなれま

せん。

　私は以前の会社で,「絶対に達成できないだろう」という数字目標を,社長命令で言い渡され,有無を言わさずに目標設定されたことがありました（私だけでなく,他の社員全員がそうでした）。はっきりいって「どうせ達成できないし」と,まったくやる気が起きなかったことを覚えています。反論する機会も与えられませんでしたから,「分かりました」と言葉では合意を伝えましたが,心の中では合意はしていませんでした。結果として1年間モチベーションも上がらず目標も達成できなかったのですが,悔しくもなんともなかったことを覚えています。

　もしそこで,無理だと思う理由をヒアリングしてくれたり,その数字を達成するために会社がどういうバックアップをすればよいか,対話をしてくれていれば,結果は大いに変わったかもしれません。
　説明としては「君の給料だと,これだけ数字をやってもらわなければ会社は赤字だから」と,社長としてはごく当然の理屈のみでした。
　しかし,**残念ながら経営者側の当たり前の要求は,言葉足らずでは社員には全く支持されません。**
　ごもっともな理屈を伝えようとしたって,しらけられるだけです。
　当時も,社員だった私からすれば,ただ会社の都合だけで目標を言い渡されても,つきつけられた目標に合意できず,やる気は起きませんでした。結果として私は会社の期待に応えきれないまま,会社を退職することになったのです。
　そして私以外にも,多くの社員がパフォーマンスを出せずに辞めていきました。
　もし目標設定について浮かない顔をしていたら,気づいてあげてください。そして,なぜ浮かない顔をしているのか,引き出してみてください。
　会社は利益を上げなければ,存続できません。そのために目標を社員

に突きつけるのは，至極当然のことです．ただ，社員にとってはそれは「会社の都合」です．

　ごもっともなお話をしても，社員のモチベーションは上がりません．

　大変なのは重々承知ですが，「どうすれば社員は会社の期待する結果を出せるのか？　そのために会社は，どのようなバックアップをする必要があるのか？」という視点を持ってほしいのです．

　目標の合意形成ができないようであれば，社員を責め立てるのではなく，まず会社がどのようにバックアップできるか，本人の考えを傾聴してください．人は，話をしているうちに自分の考えも整理され，気持ちも楽になってきます．

　期待を伝えた上で，傾聴の機会も設ければ，ほとんどの方が「会社も一緒に頑張ってくれるんだな」と思い，会社の期待することを理解して，頑張ってくれるはずです．

　モチベーションを持って働いてもらうためにも，言葉だけでなく心からの「目標の合意形成」を目指してください．

2.フィードバック面談のポイント

☞ 結果を意識する

　貴重な時間を使って面談をするわけですから，その面談の結果にこだわってください．

　求めるべき結果は，

　①評価していることを褒め，感謝を伝える⇒ モチベーションのアップ

　②今後の目標についての合意形成

です．

　目標について合意ができ，モチベーションが上がれば，本人のパフォーマンスが上がり，会社も良くなっていきます．もしこの2点の結

果が出せないようであれば，時間の無駄になってしまいかねません。この結果にたどり着けるよう，結果にこだわってください。

☞ あらたまった場を作ること
　「あらたまった場を作っての面談」という形で話をすると，普段話ができないようなことでも話し合うことができたり，また普段の会話と同じことを伝えたとしても，伝わり方も全然違います。また同席者がいることで緊張感も違ってきます。

　特に小規模な会社であれば，上司，部下はいわば先輩・後輩のような関係で，あまり上下関係がきっちりしていない，という職場もあったりします。そういう職場ではついなあなあ関係になってしまい，向上心を阻害してしまう環境になっていることもあります。仲の良い関係を阻害する必要はありませんが，緊張感をもった環境を作ることで，上司部下の良い意味での上下関係を吹き込んでいきましょう（そのために，一次評価者の上司が同席する，3者面談という形をとるのです）。

　また，繰り返しになりますが「その人の貢献をしっかり褒めること」を重視してください。面談の場で，また最終評価者のいる前で褒めること，しっかり評価している内容を伝えてあげてください。

　そして「あらたまった場づくり」については，押さえておくべきポイントがあります。

　以下に挙げるポイントも留意してセッティングしてください。

① 他の人に話が聞こえない場所で行うこと。
　社内に場所がないときは，ファミリーレストランなどでもOKです。
　当事者だけの空間で行うことが大切です。

② 面接日時は事前に設定しておくこと
　「ちょっと今からやろうか」ではダメです。

空いている時間にちょっとやる，というものではなく，「大事なイベント」であることを意識してください。そのためには面談のスケジュールを立て，しっかり日時を決めて臨みます。

③ 最終評価者の時間が取れない場合でも最初は３者でやる
　定着しない中で一次評価者に任せてしまうと，なあなあの面談になってしまったり，忙しくてできない人が出てしまったり，やり方がバラバラになってしまい上手にできる人，できない人との間で差が出てしまうこと，などがあります。
　そこで最終評価者など一次評価者の上司の同席を奨めているわけですが，やはり「時間が取れない」という会社もあるでしょう。
　その場合は，上司でなくても構いません。評価面談責任者などを決めるなどして，なんとか２人対被評価者というメンツでできるよう，環境を作ってください。結果として完全に任せられるようになり，１対１でできるようになるのが理想です。任せられるまでは，誰かが同席，というスタンスを続けてもらいたいと思います。

④ 一次評価者が主役となって対話をすること。
　フィードバック面談は，何よりも評価者自身がリーダーとして成長する場でもあります。
　社長などの最上位者がしゃべりすぎないよう，注意してください。
　あくまでも面談の場での主役は，一次評価者と被評価者です。
　一番偉い人がしゃべりすぎると，対話ではなく指導になってしまいます。指導は日頃の業務の中で行えばいいことです。

☞ 同席者の役割：「目標の合意形成」
　同席者には，もう一つ重要な役割があります。
　それは，「目標が合意形成されているかどうかの確認」です。

面談の最後に今後の個人目標を決めますが，上司との関係がこじれていたり，目標の内容に対して納得がいっていない場合があります。そこを，第3者の目線で確認してください。

　口で合意していても本心が合意していなければ，まず会社が求める社員には育ってくれません。もし同席者の目から見て合意形成ができていないのであれば，その社員については「目標の合意形成に向けての対話」に進んでください。そして，なぜ目標の合意に至れないのか，分析してください。会社の運営方針に不満なのか，上司に対して不満なのか，目標の内容が不服なのか，必ず理由があります。

　「会社や上司からの期待＝目標」に合意してくれないのは甚だもどかしくもあり，腹立たしくもなってしまうかもしれませんが，結果として本心が合意しない以上，その社員はパフォーマンスを発揮してくれません。

　合意形成にたどり着けないのであれば，フィードバック面談とは別に時間を取り，目標の合意へ向けた対話を行っていってください。

　そして**同席者を置く理由**は，この「見極め役になってもらいたい」という**目的**もあります。部下としては，本心から合意していなくてもしぶしぶ合意の意を口にすることが多々あります（以前の私は，いつもそうでした）。同席者は冷静に，会社，上司からの期待・目標に合意しているかどうかをジャッジしてください。

　話をしている当事者同士だと，上司側が気づかないことがあります。同席者は合意形成をしているかどうか，見極める役割があることを意識してください。

●『目標の合意形成』が重要。●
①会社・上司が何を期待するのかを明確に伝えること。＝目標
②その期待に社員が納得し，合意すること。

☞ **面談時間を決める**

面談時間についても，一人どれくらいか，決めておきましょう。

じっくり時間を取れる会社，なかなか時間づくりが難しい会社など，事情は様々です。ただ，会社として，目安は何分程度か，決めておくようにしましょう。

あまり時間を取りすぎると，評価以外の話（日頃の不満や悩み相談）などの話題も出てきてしまいます。そうすると，「評価をテーマにした面談」の意味が薄れてしまいます。「この面談では，評価に関する話以外の話はしない」と，目的を絞って臨みましょう。

3. フィードバック面談のルール決め（公開方式か，非公開方式か？）

次に，面談で何をどこまで話すのかという「ルール決め」について考えていきます。

まず最初に，以下の設問について，我が社はどうしたいのか，○×で考えてみてください。

---

①フィードバック面談では，人事評価の結果すべての項目について，被評価者（部下）に公開し，すべての項目についてしっかり話し合うべきである。

○・×

②賃金や賞与に関する質問を受けた場合，双方の理解を深めるために，人事評価の結果，どう賃金や賞与に反映するのか，評価者としてしっかりと説明をしなければならない。

○・×

どちらがよいか正解があるわけではありません。

ただ，「我が社はどうするか？」，これらのルールを決めていく必要があります。

つまり，「評価結果を被評価者に伝えるのか，伝えないのか？」，最初

にここを決める必要があります。

　その方向性次第で，我が社のフィードバック面談のタイプが決まってきます。

　設問①について，○になれば公開方式，×になれば非公開方式ということになります。

　では，どちらがよいのでしょうか？

　社長の考え方次第ということになるのですが，**基本的には非公開方式です**（一般的にも非公開の形を取っている企業が多いようです）。

　理由と解説は以下の通りです。

> ①フィードバック面談では，人事評価の結果すべての項目について，被評価者（部下）に公開し，すべての項目についてしっかり話し合うべきである。

一般的解答：×　評価の点数や結果は，非公開が原則

解　説

理由その①：不満の原因になる

　公開方式については，「不満のタネになりやすい」という問題点があります。

　評価結果を伝えると，被評価者同士で，こんな会話が起こることが予想されます。

　　Sさん　「評価，いくつだった？」
　　Tさん　「私はAだったよ」
　　Sさん　「え!?　私Bなんだけど‥‥。その差は，何？」
　　Tさん　「うーん，よくわからない。私から見てもSさんがBって，おかしいと思う。ちゃんと抗議したほうがいいよ」

Sさん　（納得いかない。なんで私よりTさんの方が評価が高いのか。
　　　　　　私の方が絶対がんばっているのに！）

　そうなると，「うちの会社の評価制度はおかしい」みたいな声が上がってきたりして，単にモチベーションを下げるだけになってしまいかねません。よくあるのは，「なんであの人と私が同じ評価なのか？」という誰かと比較しての不満です。
　また，公開をすると，主張の強い人から自分の評価に対して抗議を受ける事態にもなりかねず，そうなると，「人を育てるための面談」が，「評価結果を交渉する面談」になってしまうこともあります。
　なお，「公開方式にしてほしい」という希望が社員から上がってきたために公開方式にした結果，痛い目を見てしまった企業もありました。「知りたいというから教えた」としても，いい結果になるとは限りません。

<u>理由その②：評価者が悪い評価を付けづらくなる</u>

　やはり，人間，悪い評価を人に伝えるのは，気分的に嫌なものです。
　そうすると，評価者としては，いい評価を付ける傾向になっていってしまいます。逆に，悪い評価でもガンガン伝えられる，ある意味指導力抜群の人がいたりして，リーダーのキャラクターが混在してしまうと，「甘い人，辛い人」の評価者間のズレがより顕著になってきます。

<u>理由その③：「意見を言える人」などの評価が高くなってしまう。</u>

　「この人，自己主張が激しいからな‥‥」「この人に悪い評価を付けると，すごく落ち込んでしまいそうだな‥‥」など，色々な念が湧いてきてしまいます。そうなると，つい意見を言ってくる人などの評価が高くなりがちになってしまいます。

以上の理由などにより，少なくとも最初の段階では「評価は伝えない」というところからスタートする方が無難です。最初に伝えず，慣れてきてから伝えたほうがいい，ということになれば伝えるようにチェンジすればいい話で，「最初伝えていたのに，あまり思わしくないのでやっぱり伝えないようにする」というチェンジの方が，やりづらいですから。

> ②賃金や賞与に関する質問を受けた場合，双方の理解を深めるために，人事評価の結果，どう賃金や賞与に反映するのか，評価者としてしっかりと説明をしなければならない。

<u>一般的解答：×　制度や賃金，賞与の根拠に関する説明は，してはならない。</u>

解説

<u>理由：フィードバック面談が，人事賃金制度の説明面談になってしまう</u>

　面談の時間には，限りがあります。
　あくまでも，面談の目的は「人材の育成」であって，制度に対する理解促進や満足度アップではありません。質問を受け付けてしまうと，制度の説明面談になってしまいます。
　従って，「この時間は評価のフィードバックに関することのための面談です。制度に関する質疑応答については，この面談の中では行えません」と言って，断るようにしましょう。ただし，無視するわけにはいかない場合は先に伝えるべきことを伝えた後にするか，時間の関係で難しい場合は後日にするようにしましょう。

☞**フィードバック面談も「我が社のルールが必要」**
　公開方式，非公開方式が決まれば，次は面談の内容決めです。

ここでも，ポイントは「我が社のやり方」を統一することです。
　そもそも，慣れていない人がいきなり評価者面談をしろ，と言われても困惑します。また同席のルールがあるとはいえ，各評価者に任せると，伝え方がバラバラになってしまって弊害が出てくることがあります。したがって，しっかりと会社の方から「我が社のやり方」を明確にしてあげる必要があります。

☞ 限られた時間で要点をしっかりと伝えるには
　じっくり時間を取れる会社，そうでない会社，様々ですが一般的には後者が多いでしょう。
　ここでは後述する「フィードバック面談シート」を使って，限られた時間内で要点をしっかり伝えられる方法を紹介します。

〈ポイント〉
基本は非公開方式。
評価を伝えても不満ばかりが目立ってしまう。

【まとめ：以下の事項を決めておこう】

●当社のフィードバック面談ルール●

1. 面談場所
　（　　　　　　　　）
　※必ず，周囲に聞かれない場所で行うこと。

2. 面談時間
　（　　　　）分

3. 公開について

一つ一つの評価項目の評価	伝える・伝えない
合計点	伝える・伝えない
最終評価（S・A・B・C・D）	伝える・伝えない

4. 非公開方式のフィードバック面談のやり方

　評価シートの項目を一つずつフィードバックしていくと，かなり時間を要してしまいます。
　例えば，
　「まず「仕事の速さ」については‥‥で，よくできていたと思います。次に「協調性」については，‥‥で，今後はこうしてほしいと思います。次に‥‥」
　という具合で説明をしていくようなやり方です。
　この方法を取ると，「ちょっと待ってください，そこについては‥‥」などと反論が来てしまうとそこで進行がストップしてしまいます。
　対話式評価制度において大事にしたいことは，何度も繰り返しますが，

　①評価していることを褒め，感謝を伝える。⇨ モチベーションのアップ
　②今後の目標についての合意形成

へ向けて対話をすることなので，その目的を果たすための方法を取ります。

☞ 伝えるべきポイントは3つ
　ポイントは「選択と集中」です。評価シート作りの時の「10項目に絞り込む」でもあったように，あれもこれも伝えても頭に入りませんから，伝えることは以下の内容に絞り込みます。

　【伝えること，話す内容】
　①褒めてあげたいこと（3つまで）
　②今後，もっと頑張ってもらいたいこと（多くても3つまで）

③次期の目標

そして上記内容を整理するために,「フィードバック面談シート」を使います。

☞ツールは,「フィードバック面談シート」をつかう

以下の「面談シート」を使って,ポイントを絞ってフィードバックを行います。

フィードバック面談シート

氏名(　　　　　　　　)	入社(　　　)年目
評価期間(　年　月　日～　年　月　日)	
とても良かった項目	更に取り組みを強化してほしい項目
本人からのPR	
次期の目標	

この面談シートを使い，以下の流れで話をしてもらえれば，誰でも簡単に要点を伝えることができます。

●トークスクリプトイメージ：おおまかな流れ●
●今期の評価をしました。
　一つひとつ解説するのは時間がかかってしまうので，ポイントだけ，お伝えします。
●この面談では，「特によかった点3つ，より上を目指してほしい点を3つ」に絞って，お話します。
　まず，特によかった点は‥‥
　　①
　　②
　　③
●次に，より上を目指すために改善してほしい点は‥‥
　　①
　　②
　　③
●今回のフィードバック面談で評価されていないけど，私や会社が気づいていない，「自分では頑張っていた点」があったら，教えてください。もしかしたら目が届いていないこともあるかもしれないので。
●では最後に，時期の目標を立てていきます。
　私からリクエストしたい，●●さんに期待したいこと，目標としてもらいたいことは，‥‥です。
(⇨目標に対する合意形成の確認)

　内容を伝えるだけであれば，15分もあれば可能です。
　どうしても時間を作るのが難しい会社の場合は一方的に伝えるだけになってしまいますが，最低限の要点は伝えられます。
　ただし本人も話したいことがあるだろうし，「対話」をテーマにしていますから，できれば30分は取りたいところです。

5. 面談スキルを高める

　先程の「フィードバック面談シート」を使えば，誰でもある程度の面談はできるようになります。
　しかし，一方的に伝えるだけでは従業員のモチベーションアップという目的は果たせません。
　やはり面談者としての「スキル」が必要になります。こればかりは得意・不得意があるし，簡単に人のモチベーションを上げるなんてできることではありませんから，難しいことには違いありません。
　でも難しいからこそ，継続すれば，必ずリーダー自身の指導力が身に付いてきます。部下の方も，真面目に上司が面談をしてくれれば，それに応えようとほとんどの人が思ってくれるはずです。
　とにかく，部下に興味を持って，誠実に向き合う機会づくりを定期的に行うことです。
　そして面談のスキルという点については，実は2つのポイントさえ押さえれば，それなりの対話が自然とできるようになります。
　そのポイントというのは，

　①面談のゴールを決めておく（伝えたいことを1つだけでもよいので，明確にする）
　②質問をする

この2点だけです。
　続く第4章では，この2つのポイントについて，フィードバック面談のスキルを身に付けるためのコツとして，具体的なトーク事例などを交えながら解説していきます。

第4章 対話式評価制度【フィードバック面談編】

　第3章の制度構築編では，フィードバック面談の基本的な考え方や決めておくべきルールについて，触れてきました。
　第4章では，もう少し掘り下げた面談スキルアップに焦点を当てていきたいと思います。
　では，面談スキルアップのポイントとは？
　効果的な「よい面談」を成立させるためのコツとして，前章でも紹介しましたが，

　①面談のゴールを決めておく（伝えたいことを1つだけでもよいので，明確にする）
　②質問をする

という，2点のポイントを，押さえておいてもらいたいと思います。

☞「よい面談」を成立させるための2つのポイント
　フィードバック面談の目的は，

①評価していることを褒め，感謝を伝える⇨モチベーションのアップ
②今後の目標についての合意形成

です。
　限られた時間の中でこれらの目的を達成するためには，面談時に「面談のゴールを決めておく」と，「質問をする」の2点だけ，心がけを意

識してください。

1. 面談時に意識するとよい点

① 面談の「ゴール」を，決めておく

「この面談で，最後はここをしっかりと伝えるんだ！」というゴールを明確にして，面談に臨みます。

●ゴールの例●
- 技術の向上への努力をしてほしい（能力UPしてほしい）ため，その部分の目標を持たせる。
- 協調性を持ってもらうようにしたい。
- 後輩への指導を，もっと頑張ってもらえるようにしたい。
- 主体性を持ってもらいたい。

---

②「質問」をする。

質問は，相手に「考える」機会を与えます。

そして，「話す」ことが，自らの頭の整理にもつながります。一方的に話して終わるのではなく，所々，自らの言葉で話し出すよう，「質問」をすることも意識しましょう。

ただし，ものすごくおしゃべりな人に話す機会を与えてしまうと，脱線しまくる可能性もあります。相手を見て，臨機応変に質問を投げかけるテクニックが必要です。一番簡単なのは，褒めた点について「何か，意識している点はあるのですか？」とか，「なぜそんなにしっかりとできるのですか？」なんて質問です。相手も嫌がることなく話をしてくれて会話に発展します。

「よい質問」が，「良い面談」につながりますので，面談の始まる前に，質問することを準備しておいてください。

☞ トークのイメージ 〜営業部の中村さん〜

では,フィードバック面談シートを使って行った場合のトークイメージをみてみましょう。

今回のモデルケースでは「営業部の中村さん」を取り上げてみます。

営業成績は優秀だけど,事務部門との連携が苦手で,それが原因で顧客との信頼関係にもたまに問題が出てしまっていた,そんな中村さんを例にしたトークイメージです。

●前提条件●

営業部の中村さんは,営業成績は社内でも最も優秀な一員で,お客様からの評価もよいのだが,事務部門とのコミュニケーションが苦手である。

お客様の情報を伝えないがために,事務部門から「中村さんからの情報では,お客様情報が分からず,よくお客様から「中村さんに伝えてありますけど?」と,クレームを受けて困っています」という苦情が来る。

中村さんの対応は,例えば,新規顧客を開拓したときの事務部門への伝達は,こんな感じである。

「この新規顧客のA社は,伊藤さんが担当ですので,不明な点は私ではなく直接,伊藤さんに聞いてください」

以上。

⇨したがって,「社内での協力関係」の評価項目は「2点」とした。

しかし,本人は自己評価で最高の「5点(最高)」を付けてきた。ここが,本人の自覚と,上司評価のギャップであった。

〈評価項目と点数〉

社内での協力関係	5点	仕事のスムーズ化だけでなく,改善提案やチームの雰囲気を良くするなどの役割も果たした。
	4点	社内での協力関係について,自ら良好な関係を築いていた。
	3点	社内での協力関係について,おおむね,仕事はスムーズにできていた。
	2点	自分本位なところがあり,他人を困らせることがあった(他者との協力の姿勢が見られなかった)。
	1点	論外

上司は，本人の自己評価をみて，「あー，自分ではできていると思っているのか‥‥。なるほど，普段からいくら言っても，変わらないわけだ」と，首をかしげる自己評価でした。そこで面談のゴール目標を次のように設定しました。

●面談のゴール目標●
事務部門に対し，顧客情報をしっかりと伝えられるようになってほしい。
⇨「社内での協力関係」の項目を，来期は5点にしてほしい。

　つまり「自分ではできている」と思っている社内の協力関係について，改善してもらうことに「合意」してもらうことが　ゴールとなります。なお，面談シートは以下の内容になりました。

[中村さん面談シート]

	とても良かったこと	更に取り組みを強化してほしい項目
	営業成績，目標達成。	事務部門とのコミュニケーションをもっとしっかりとってもらいたい。（顧客情報をしっかりと伝える）
	お客様からの評価もよい。（説明が上手，一生懸命，対応が早い）	
	研究向上意欲が5点。「どうすれば営業成績の結果が出るのか?」を，常に工夫している。	
次期の目標	「社内での協力関係」の項目を，来期は5点にしてほしい。	

【中村さんとのフィードバック面談】
① 最初に，面談の目的等を説明する
●いつもおつかれさまです。今期評価のフィードバック面談を始めます。

●最初に面談の内容ですが，中村さんの成績を伝えるというものではなく，普段，上司として評価してあげたいこと，「取り組みを強化してほしいな」と思っていることを伝える場と考えてください。

●では中村さんの評価の内容についてですが，この面談では，「特によかった点3つ，改善をお願いしたい点を本日は1つだけ」に絞って，お話しますね。

② しっかり褒める
上司：まず，特に評価シートの中でよかった点ですが，何よりも営業成績，目標達成，素晴らしかったです。エースとして結果を出してくれて，本当に感謝してます。ありがとうございます。

中村：そう言っていただけると，嬉しいです。来期も頑張ります。

上司：はい，私も一緒に頑張りますので，来期も達成できるよう，共にがんばりましょう。
　　　次に，「顧客から信頼を得られているか」という評価項目についても，素晴らしいと思います。お客様からの評判が良く，具体的には「説明が上手，一生懸命，対応が早い」といった声を聞いています。<u>何か，意識していることはあるのですか？</u>
　　　（⇨褒めたことについての質問をすると，大抵喜んで話をしてくれます）

中村：いやーそう言っていただけると，嬉しいですね。工夫ですか‥‥。例えばメールについては，必ず24時間以内に返信する，ということを意識しています。

上司：おお！ それは素晴らしいですね。ぜひ，他のメンバーにもその意識を広めてほしいな！

中村：はは。そうですね。●●君なんか，ちょっとスピード感足りないと思うので，今度，言っておきます。

上司：ぜひ，お願いします。もう中村さんは，営業部のエースなんだから，後輩たちへ，中村さんが当たり前のようにやってくれていることも，どんどん伝えてあげてくださいね。
あと，特に中村さんがすごいな，といつも思うところなんだけど，「研究向上意欲」の項目について，「どうすれば営業成績の結果が出るのか？」を，常に工夫していて，ここも素晴らしいと思います。

中村：ありがとうございます。

上司：中村さんの，得意分野ですね。みんな，その辺りを考えてくれるともっと業績上がるのになあ。

中村：ええ。私，そういうのを考えて試してみるのが好きなんですよ。当たったやり方やチラシとか，今後はみんなにももっと提供していこうと思います。

上司：おお，それもぜひ，お願いします。もっと感謝したいところはたくさんあるのですが，特にお伝えさせて頂きたい点は，この3点です。

③ 改善してほしいことを伝える

上司：では，次に，更に取り組みを頑張ってほしいところについて，相談させてください。

中村：はい，お願いします。

上司：<u>「社内での協力関係」の評価項目なのだけど，結論から言うと</u>，中村さんは，ここの部分を，もう一工夫してもらいたいと思っています。
　　　今回の評価シートについても，中村さんの自己評価と私の評価と，ここが大きくギャップが出てしまいました。
　　　☞ 結論を最初に伝えることで，ゴールの明確化をしています。

中村：いや，私はちゃんとできているつもりなのですが‥‥，飲み会も出ているし，後輩が困ったら相談にものってあげているし。一体，私の何がよくないのでしょう？

上司：<u>例えばの，例を出しますね。</u>
　　　この間受注したA社だけど，事務部門からA社の担当の伊藤さんに電話をして，支店ごとの連絡先一覧をくださいと頼んだとき，「すでに中村さんに伝えてありますけど，またお伝えしないといけないのですか？」と，注意されてしまったようで‥‥他にも，たまにそういうことがあるそうなんです。
　　　☞ 具体的な場面を想像させています。

　　　このようなことがないようにしていきたいのですが‥‥。何か，<u>改善案など，ありますか??</u>
　　　☞ 「改善案」を考えさせています。

中村：すべてを事務の人に伝えるのは，結構しんどいので，受注した後のことは，すべて事務に任せた方が，効率がよくなるのではないかと思います。

上司：なるほど。言っていることは分かるのですが，やはり必要な情報は伝えてあげないと，事務も困ると思います。例えば，自分に置き換えた場合，「ここ，新規の客です。あとはお願いします」と，会社情報だけ渡されたら，「え？ それだけ？」って，ならないでしょうかね？？

中村：そうですね，でも私だったら，「これは？ ここは？」とか，質問して，クリアにしていきます。事務の人だって，知りたいことがあれば，私に聞けばいいじゃないですか？ 何も聞いてこないので，何に困っているか分かりません。
　　　むしろ協力関係が出来ていないのは，事務の方だと思いますが‥‥

上司：うんうん。それも言っていることは分かりますが，やはり中村さんみたいに誰もがスラスラ質問できるとは限らないと思うんですよね。先輩の中村さんに対しては，いくら遠慮するな，といっても，やっぱり遠慮とか，出てしまう人もいると思うし。

中村：うーん，そうですね‥‥

上司：<u>そこで私から提案なのですが</u>，一度事務に任せた後，もう一度，5分だけ話をする機会を設けたらどうでしょうか？ 時間がなければ，電話でもいいです。場づくりをすれば，事務方だって，質問しやすいと思うし，間をあければ，質問の内容も整理されている

と思うし，中村さんの大きな負担にもならないと思うのだけど……

　☞ 上司としての提案をしています。

中村：そうですね，それくらいならできます。

上司：ありがとうございます。では評価の話に戻りますが，来期の目標として，「社内での協力関係」の評価項目，更に上を目指しましょう。そのためには，事務方に営業事務を引き継いだ後，もう一度フォローの時間を作ってあげる。<u>それができれば，更に点数が高くなります！</u>

　☞ どうすれば評価が上がるのか？ の説明をしています。

中村：分かりました。いやー，私は周りと仲良くやっているつもりだったので協力関係についてはできていると思っていたのですが。事務の方がそんなに困っていたのですね。気づくことが出来てよかったです。

　何をすればよいか具体的に分かりましたので，さっそく今日から，実践したいと思います。

上司：私からは，中村さんには今の内容についての社内の協力関係をしっかりやってくれることを期待しています。どうでしょうか，私からの目標提案について，納得していただけましたか？

中村：はい。●●上司のおっしゃっていることはよくわかりましたし，そのように行動をしていきたいと思います。

　☞ 目標の合意形成ができました。

④ 最後に、しっかりとメモを取ってもらう

[中村さんが書いた、面談議事録]

人事考課の結果からの良かった点・改善点	とても良かったこと	更に取り組みを強化してほしい項目
	営業成績、目標達成。	「社内での協力関係」の評価項目
	お客様からの評価がよかった。	
	研究向上意欲がよかった。	
次期の目標	「社内での協力関係」の項目を、来期は5点にする。 （具体的には） 事務方に営業事務を引き継いだ後、もう一度フォローの時間を5分、作る。必ず電話か、対話の場を作って、事務の人が知りたがっていることをクリアにしてあげる。	

☞ 面談者として、良かったポイント

　実際はこんなにスムーズに行くとは限らないですが‥‥（笑）

　しかし実はこの例は、多少省略はしていますがある企業で携わらせて頂いたときの実例です。

　結果として中村さんは行動を変えてくれ、徐々に事務のメンバーともやりとりがスムーズになり、「社内での協力関係」は、とてもよくできるようになりました。これまでは中村さんなりの考え（分からないことがあれば、事務から私に聞いてくればいい。私はそれに対して断ることはしないし、またそれを事務方がしっかりやれば、スムーズだ。不明点は、向こうが聞いてくるべきだ、という考え）があり　全く自分が悪いと思っていなかったのですが、事務方からすれば忙しそうな中村さんに声をかけるのもちょっと腰が引けてしまって、という　行き違いのようなものがありました。

　今回、上司から「具体的な行動の提案」をし、中村さんもその提案に納得をしてくれ、そして行動をしてくれたことで、いい方向に変わった

好事例です。

　中村さん自身も「具体的に提案をしてくれたので，良かったです」と振り返ってくれました。

　実は，普段の仕事の中でも，「もっと事務方にしっかりと情報共有をしてよ」ということは，何度も伝えていたのです。でも，なかなか言うことを聞かない，行動を変えてくれない，ということが続いていました。ただ，私が改めて思ったのは，「フィードバック面談という，あらたまった場」にて，対話形式で話をすると，また同席者がいるという環境で行うと，同じことを伝えても受け止め方が全く変わることに気づかされました。

　さて，先ほどの対話例に戻りますが，「面談者としてとして参考になる点」がいくつかありましたので，振り返ってみます。

① 質問を入れていた

　褒めたことに関して，「何か，意識されていることはあるのですか？」と，質問を入れていました。やはり人間は褒められると嬉しいもの。それに関する質問であれば，だれでも気持ちよく話をしてくれます（褒めたことについての質問をする，というのは固い雰囲気を崩すのにオススメです）。

② 改善点を伝える際に，「結論から言うと」と，しっかりゴールを明確にした

　改善点を伝えるときは，先にゴールを伝えると，論点がはっきりして，話の筋道ができます。くどくどと前置きをしてしまうと，話が脱線してしまう可能性もあるのですが，今回は，はっきりとゴールを最初に伝えていました。

③ 「例えばの，例を出しますね」と，具体的場面で話をした
　具体的な体験の場面ですと，相手もイメージしやすいです。

④ 「改善案など，ありますか??」という質問
　部下自身に改善案などを話させると，頭を使って考えるので，通話ではなく対話になりやすいです。「あなたのアイデアも聞かせてください」という質問を投げかけることで，相手の考えも引き出させましょう。

⑤ 「そこで私からの提案なのですが」と，上司としての具体的な内容の提案をした
　「こうすればよいのでは?」という，具体的な提案をしました。
　「事務部門との協力関係が出来ていないので，もっとスムーズにできるようにがんばりなさい」と一言で伝えても，伝わらなかったでしょう。
　どうすればよいのか「具体的な行動」を示したことで，相手も合点がいったようです。

⑥ 「来期の目標として，「社内での協力関係」の評価項目，更に上を目指しましょう」と，明確な目標設定で締めた
　目標のリクエストを，はっきりと伝えられました。
　はっきりしているので，部下も上司が何を望んでいるのかが理解できます。また，対話を通じて自ら考え，上司の提案にも納得してこの結論に至っているので，行動に移していこう，と思ってくれています（＝目標の合意形成が出来た）。

　さて，これはあくまでも「成績優秀な中村さん」の事例でしたので，全ての人にとって，通用するものではありませんが，相手のレベルや性格に合わせて，質問をする，提案をする，という対話力を身に付けるこ

とが重要です。

対話力のあるリーダーのいるチームは，必ずいいチームになります。「あなたの評価はBでした」なんてことは伝えず，フィードバック面談を通して対話力をお互い身に付け，コミュニケーションを「あらたまった場」にて取ること，これが面談の目的です。

建設的なフィードバック面談を繰り返していけば，必ずお互いの成長，会社の成長へとつながっていけるはずです。

賃金テーブルと連動していて面談で伝えなくても結局評価が分かってしまう場合

　賃金テーブル（賃金表）と，どの評価だったらいくら上がるか，公表している企業もあります。その場合，面談で評価点を伝えなくとも，昇給額で自分がどの評価か，分かってしまうことになります。

　そういう場合は，「他言禁止」を徹底します。面談の時でも良いですし，場合によっては入社時の誓約書の一文で，以下のような文言を入れて徹底しているところもあります。

●入社誓約書の例●

　私は貴社社員として，平成　　年　　月　　日より勤務するにあたり，下記の事項を遵守することを誓約します。

1. 就業規則その他服務規程に関する諸事項を守るのはもちろん，上司の指示・命令に従い規律の厳守に努め，誠実に勤務します。

2. 職場秩序を乱すような政治活動，思想運動及び特定団体に関する活動は行いません。

3. <u>自らの賃金や賞与の額，昇給や評価といった人事情報は社内機密情報であるため，一切の他言を致しません。</u>

4. ………

第4章　対話式評価制度【フィードバック面談編】

ある病院の話ですが，自分がどの評価だったか，給与や賞与がいくらかなどを職員同士で言い合ってしまうため，事務長にしょっちゅう文句を言いに来る（例えば「なぜ●●さんが昇給したのに私は昇給しないのか，なぜ●●さんより私の給与が低いのか」など），という事で困っている例がありました。また，それが不満で退職してしまう看護師さんもいたそうです。そこで，タイムカード打刻機の上に「給与や賞与については人事の機密情報のため，絶対に他者へ口外しないでください」という張り紙をしました。以後は，クレームを言いに来る人はいなくなりました。結局，禁止はしても言い合っている人はいるでしょうが，仮に文句を言いに来たとしたら，「禁止としたのに，なぜ知っているの？」ということになります。そのため，少なくともクレームを言いに来る人はいなくなりました。また，結局昇給の時期のたびにギスギスした雰囲気だった看護部も，口外禁止を徹底することにより，徐々にそのようなこともなくなりました。

　結局，中途採用の給料については，従前の職場の給料や，生活を考えての温情が入ったりなど，経営者と個人でしか分かり得ない事情などがあり，給与額面だけでは説明しきれない事情があります。

　それなのに，社員同士お互いの給料を教え合うことによって不平不満の種になっているケースは多いです（たとえ先程の病院の例のように直接文句を言いに来なかったとしても，他人の給料を知ってしまってモチベーションが下がってしまっている，というようなことがあります）。

　従って，経営者からしたら当たり前の事かもしれませんが，「人事情報の口外は絶対にしないこと」を，入社時点から教育徹底することをお勧めします。

2.公開方式のやり方

☞公開方式を取る場合の留意点

　本書のテーマである「対話式評価制度」においては，原則は非公開方式です。

　ただ，「評価シートをつけているのに，伝えないのでは意味がない」というお考えの経営者もいらっしゃいます（そして，おっしゃることも分かります）。

　そこで，「評価は伝える」という選択をする場合は，以下の覚悟や，条件を満たしているかを踏まえ，検討してください。

　なお，先述したように「最初は非公開方式だったけど，公開したほうがいいから公開していきます」という変更は受け入れられやすいですが，「最初は公開方式だったけど，不満が多くうまくいかなかったから非公開方式に変更します」という変更は，気まずさが残ります。

　その辺りも踏まえ，以下の事項を確認してみてください。

●**公開方式のチェックポイント**●

①社員間での競争が，プラスに働く会社（部署）であること
　（相対評価がしやすい職種がよい）

②評価基準が分かりやすく，評価者間の甘辛差が出づらい職種であること
　（個人プレイの営業職を代表とした，定量評価（数字ではっきり結果が分かる）ができる職種であること）

③面談者が，評価結果について明確な説明をすることができること

④評価者が，「部下に悪い評価は付けづらい」という感情を持ち込まないこと

⑤悪い評価の人材は，悪い評価を伝えることで負けん気を出してほしい，しかし逆にモチベーションが下がってしまっても仕方がない，と思える覚悟があること

⑥評価者と被評価者（部下）の間で，良好な関係が築けていること

解 説

① 社員間での競争が，プラスに働く会社（部署）であること
　（相対評価がしやすい職種がよい）

　「あなたのこの項目は2点です。●●さんくらいのレベルになれば5点になります」
とか，
　「あなたの総合評価はBです。●●さんくらいのレベルと結果を出せばAになります」
といったように，相対的に評価を伝えられると，「人」を目標とすることができ，分かりやすいというメリットがあります。もちろん，なんで●●さんがAなのに私がBなのか？ となりかねないので，次の②にもつながりますが，評価基準が分かりやすく，相対評価ができる職種が望ましいです。納得感が得られやすいですし，「対話式」にて，●●さんを目指せ！ と，シンプルなアドバイスができます。

② 評価基準が分かりやすく，評価者間の甘辛差が出づらい職種であること
　（個人プレイの営業職を代表とした，定量評価（数字ではっきり結果が分かる）ができる職種であること）

　社長一人が評価者の場合であっても，評価者が複数名いる場合であっても，「評価基準が分かりやすい」ことが条件です。いくら評価基準を明確にした本書で紹介をしている評価シートを用いても，甘辛は必ず起きます。評価者間の評価基準の完全な統一は不可能です。
　評価を伝えたところで，「結局上司の好き嫌いだよね」となってしまい，建設的なフィードバック面談につなげていけないようであれば，公開式はやめたほうがいいでしょう。

これも次の③へつながることですが，評価基準が難しいと，以下のようなフィードバック面談になってしまうかもしれません。

(例)「社内での協力関係」という評価項目について

5　仕事のスムーズ化だけでなく，改善提案やチームの雰囲気を良くするなどの役割も果たした。
4　社内での協力関係について，自ら良好な関係を築いていた。
3　社内での協力関係について，おおむね，仕事はスムーズにできていた。
2　自分本位なところがあり，他人を困らせることがあった（他者との協力の姿勢が見られなかった）。
1　論外

部下：なぜ，私の評価が3点なのか？ 雰囲気をよくするために改善提案もしているので5点のはずです。
上司：いや，君の改善提案は，いつも現実離れで，ご存知の通り，採択されているものはないし，チームの雰囲気をよくするなどの役割までは果たせていない。
部下：改善提案が採択されたら評価が良くなるなど，シートには書いていないですよね？ 改善提案をすればいいわけですよね？ それに，チームの雰囲気は，一緒にみんなでランチに行くように声かけたりして，気づいていないかもしれませんが，以前より格段に良くなっていますよ。

　まあ，これほどはっきりとモノを申してくる人はそれほどいないにしても，いずれにせよ心の中に不満が蓄積してしまう可能性があります。明確な評価基準が難しい評価項目については，「なぜ何点なのか？」という議論になってしまい，望むべき信頼関係構築のための「対話式評価制度」の趣旨から反してしまっていきます。
　次の③が実現しづらい場合は，非公開式で行きましょう。

③ 面談者が，評価結果について明確な説明をすることができること
　②のように，評価基準が明確であることもそうですが，面談者の器量も必要になります。

しっかりと理にかなった説明ができ，部下のモチベーションを上げさせる面談スキルが必要になります。すべての面談者がこのスキルを持っているか，確認をしてみてください。

④ 評価者が，「部下に悪い評価は付けづらい」という感情を持ち込まないこと

「悪い評価は伝えづらいなあ」という感情があれば，当然評価が甘くなります。

「この人には強く出られないな」とか，「この人に悪い評価を伝えるとふてくされそうで今後がやりづらくなりそうだな」なんてことを，一人でも思うようであれば，公開式はやめた方がいいでしょう。評価者がストレスにもなり，かわいそうです。

ただ，「そんなんじゃだめだ！ しっかりと言いづらいことも伝えられるリーダーにならなければだめだ！」という教育方針であれば，その際は最後の責任は社長が取るようにし，面談はなるべく社長（または社長に代わる最終責任者）自らが同席するようにしましょう。

⑤ 悪い評価の人材は，悪い評価を伝えることで負けん気を出してほしい，しかし逆にモチベーションが下がってしまっても仕方がない，と思える覚悟があること

評価を伝えてしまうことによってモチベーションが下がってしまう人が出てしまうことは覚悟する必要があります。評価が原因で退職してしまう人も世の中では少なくありません。基本的には悪い評価を伝えられてモチベーションが上がるということはないので，低い評価の人材がいる場合はモチベーションの低い社員が増えてしまう可能性があることも覚悟が必要です。

⑥ 評価者と被評価者（部下）の間で，良好な関係が築けていること

評価者が部下から尊敬されていなければ，いい評価を伝えても悪い評価を伝えても，プラスに働くことはありません。「この人から言われるのであれば納得できます」と言われるくらいの関係性が上司部下でできていればOKですが，そうでない場合は，NGです（ただしこれは非公開式でも同じことがいえます）。

☞公開方式の場合のフィードバック面談

公開方式でやる場合は，「なぜこのような評価なのか？」明確な説明をする必要が出てきます。

非公開方式のときと同じく，営業マンの中村さんの例で見ていきますが，ここでは，失敗例と成功例を比較しながら考えていきます。

●前提条件●

営業部の中村さんは，営業成績は社内でも最も優秀な一員で，お客様からの評価もよいのだが，事務部門とのコミュニケーションが苦手である。

お客様の情報を伝えないがために，事務部門から「中村さんからの情報では，お客様情報が分からず，よくお客様から「中村さんに伝えてありますけど？」と，クレームを受けて困っています」という苦情が来る。

中村さんの対応は，例えば，新規顧客を開拓したときの事務部門への伝達は，こんな感じである。

「この新規顧客のA社は，伊藤さんが担当ですので，不明な点は私ではなく直接，伊藤さんに聞いてください」

以上。

⇨したがって，「社内での協力関係」の評価項目は「2点」とした。

しかし，本人は自己評価で最高の「5点（最高）」を付けてきた。ここが，本人の自覚と，上司評価のギャップであった。

[評価項目と点数]

社内での協力関係	5点	仕事のスムーズ化だけでなく，改善提案やチームの雰囲気を良くするなどの役割も果たした。
	4点	社内での協力関係について，自ら良好な関係を築いていた。
	3点	社内での協力関係について，おおむね，仕事はスムーズにできていた。
	2点	自分本位なところがあり，他人を困らせることがあった（他者との協力の姿勢が見られなかった）。
	1点	論外

3.公開方式フィードバック面談の失敗例

上司：今期もおつかれさまです。評価のフィードバック面談を始めたいと思います。

中村：はい，お願いします。

上司：これが，今期の中村さんの評価です。まず，営業部のエースとして，すばらしい成績を上げてくれましたね。ありがとう。

中村：はい，ありがとうございます。

上司：そのほか，全体的な評価は，この通りで，総合評価はAです。
（上司が点数を記入した評価シートを渡して，見せる）
ちょっと，確認してみてください。

中村：これだけ営業成績を上げたのに，総合評価はA …ですか……？

上司：そうですね。営業の数字の方はS評価レベルなのだけれども，事務部門との連携がイマイチうまくできていないので，「社内での

<u>協力関係」の項目が2点になってしまい，そこが響いてしまいました。</u>

中村：いえ，私としては飲み会にも参加しているし，後輩が困っているときは相談にも乗ってあげているし‥‥一体，何で2点なのでしょうか？

上司：いつも，事務部門から私の方へ，中村さんの受注してきたお客さんについて，情報が少なくて困る，という苦情が来ているのはご存知だと思うけど‥‥。何度か注意したけど，なかなか直っていないので，私は2点にしました。

中村：いえ，私は，全てを事務の方へ伝えるのは大変なので，受注後の事務は，事務方がすべて行った方が効率が良くなるので，あえて事務方に任せているのですが。

上司：すべて任されても困るみたいです。<u>事務方ともう一度しっかり話をして，当事者同士で受注後のお客様とのやり取りがしっかりできるよう，改善をしてくれませんか。</u>

中村：いえ，私は事務方から，分からないことがあれば質問してくれ，と言っているので，悪いのは質問をしないで分からないままにしている，事務方の方だと思うのですが。事務方からの質問に答えないとかだったら，悪い評価になるのも分かるのですが，聞かれれば私は答えています。実際，同じ事務方でも●●さんとはうまくできていますし。決して協力していないわけではないので，2点はちょっとおかしいのではないかと思います。納得がいかないですね。

上司：うーん，そうですね‥‥。言っていることも分かるけど‥‥。でも実際，問題も起きているし．<u>やはり中村さんの方が古株なんだし，もう少し，譲歩してうまくやってくれないでしょうか。</u>

中村：いえ，ですから，聞いてこない方が悪いと思うんです。

上司：‥‥分かりました。ちょっとここは，もう一度検討してみます。

中村：はい，お願いします。

> **解　説**

　公開方式の悪い例です。本文中に下線が引いてありますが，以下，問題点の例として解説していきます。

① いきなり，評価シートの点数一覧を見せてしまった
　この入り方をしてしまうと，「なぜここが●点なのか？」という議論になってしまいかねません。また，点数ばかりに神経が集中してしまいます。最も重要な「育成のためのコミュニケーション」ではなく，点数の発表の場になってしまい，本来の目的からずれていってしまいます。

② 悪い点数が付いたことについて，なぜなのかの説明がなかった
　「自己評価ではできているとの自覚だけれども，上司からしたら悪い評価」というギャップの部分を，相手に納得してもらうように伝えるのが，面談の目的でもあります。結論だけ伝えると反論が返ってきて，議論になってしまいかねません。「なぜこの点数なのか？」という，点数についての議論が起こらないようにしなければなりません。
　議論が起きてしまうようだと，強く言える人の評価が高くなってしまうという傾向になってしまいかねません。理由を言わないため，この

後，点数についての議論になってしまうという展開になってしまいました。

③ 具体的な解決策を提案できていなかった
　理由を説明できなかったために，中村さんは，「私は悪くない」と，固執してしまっていました。ギャップの部分については，「理由⇨提案」という流れでいきましょう。

☞公開方式フィードバック面談の成功例
　公開方式でも，

①評価していることを褒め，感謝を伝える。⇨モチベーションのアップ
②今後の目標についての合意形成

　この目的は変わりません。
　この目的にたどり着くために対話を進めていく必要があります。
　悪い例でもあったように，いきなり見せてしまうと点数ばかりが気になってしまうので，順序としては，最初に面談の流れを説明し，非公開方式と同じ「面談シート」を使って伝えたいことを伝え，最後に質問を受けつけるようにします。

☞ トークのイメージ 〜営業部の中村さん：公開方式編〜

> ●面談のゴール目標●
> 事務部門に対し，顧客情報をしっかりと伝えられるようになってほしい。
> ⇨「社内での協力関係」の項目を，来期は5点にしてほしい。

【上司が準備した中村さん面談シート】

	とても良かったこと	更に取り組みを強化してほしい項目
	売上目標：5点	社内での協力関係：2点
	営業成績，目標達成。	事務部門とのコミュニケーションをもっとしっかりとってもらいたい。（顧客情報をしっかりと伝える）
	顧客対応：4点	
	お客様からの評価もよい。（説明が上手，一生懸命，対応が早い）	
	研究向上意欲が5点。	
	「どうすれば営業成績の結果が出るのか？」を，常に工夫している。	
次期の目標	●来期も売上目標達成 ●「社内での協力関係」の項目を，来期は5点にしてほしい。	

● 今期もおつかれさまです。評価のフィードバック面談を始めたいと思います。

● まず最初に，全体の評価内容を見てもらいますが，この面談では，特によかった点を3つ，取り組みを強化してほしい点を本日は1つだけ，お伝えします。

● すべての評価結果について伝えますが，点数についてもし不服の点があるようであれば最後に伺います。ただし，基本的には評価点が変わ

ることはないので，この面談の中では評価点についての議論はせず，来期の目標をどうしていくか，そこをメインに考えていく場にしたいと思います。

●まず，特によかった点から，始めます。‥‥（以下，参照）

① 最初に，しっかり褒める

上司：まず，特に評価シートの中でよかった点だけど，何よりも営業成績ですね。目標達成，素晴らしいです。エースとして結果を出してもらい，本当に感謝しています。ありがとう。売上目標という，営業部で最も重要な項目は5点としました。

中村：そう言っていただけると，嬉しいです。来期も頑張ります。

上司：はい。私も一緒に頑張るから，来期も達成できるよう，共にがんばりましょう。
次に，「顧客対応」という評価項目についても，ここもよくできていました。お客様からの評判が良く，具体的には「説明が上手，一生懸命，対応が早い」といった声を聞いています。ただ，後で改善点として出てくるんだけど，<u>社内での情報共有が出来ていないことが理由で，たまにお客様からクレームになってしまうことがあるので，そこの部分だけマイナスになってしまい，総合評価はAになってしまいました。</u>ただ，お客様との信頼関係構築は全体的によくできていると思います。何か，意識していることはあるのですか？

中村：工夫ですか‥‥。例えばメールについては，必ず24時間以内に返信する，ということを意識しています。ただ，減点がありまし

　　　　たか‥‥

上司：それは素晴らしいですね！ぜひ，他のメンバーにも徹底してほしいですね。あと減点部分については，後で説明します。メール返信の部分は，非常にいい心がけだと思います。部署全体でも取り組んでいきましょう。

中村：そうですね。特に●●君なんか，ちょっとスピード感足りないと思うので，今度，言っておきます。

上司：ぜひ，お願いします。
　　　次に，特に中村さんがすごいな，といつも思うところなのだけど，「研究向上意欲」の項目について，「どうすれば営業成績の結果が出るのか？」を，常に工夫していて，ここも素晴らしいです。5点としました。

中村：ありがとうございます。

上司：中村さんの，得意分野ですね。みんな，その辺りを考えてくれるともっと業績上がるのになあ。

中村：ええ。私，そういうのを考えて試してみるのが好きなんですよ。当たったやり方やチラシとか，今後はみんなにももっと提供していこうと思います。

上司：それは助かります。部署全体のレベルアップになるし，ぜひ，お願いします。良かったところはもっと色々あるのですが，今回，特にお伝えさせて頂きたい点は，この3点です。

② 次に，改善してほしいことを伝える

上司：では，次に，更に取り組みを頑張ってほしいところについて，お話させてください。

中村：はい，お願いします。

上司：「社内での協力関係」の評価項目なのだけど，<u>結論から言うと</u>，中村さんは，ここの部分を，もう一工夫してもらいたいと思っています。
　　　今回の評価シートについても，中村さんの自己評価は5点だったけど，私は実は，2点を付けました。

　　　☞ 結論を最初に伝えることでのゴールの明確化

中村：いや，私はちゃんとできているつもりなのですが‥‥，飲み会も出ているし，後輩が困ったら相談にものってあげているし。一体，私の何がよくないのでしょう？

上司：<u>例えばの，例を出しますね。</u>
　　　この間受注したA社だけど，事務部門からA社の担当の伊藤さんに電話をして，支店ごとの連絡先一覧をくださいと頼んだとき，「すでに中村さんに伝えてありますけど，またお伝えしないといけないのですか？」と，注意されてしまったようで‥‥他にも，たまにそういうことがあるそうなんです。

　　　☞ 具体的な場面を想像させる

何度か口頭で注意したと思うんだけど，この部分について，改めてこの場で相談させてほしいのですが‥‥。ご自身ではどう思いますか？ またもし何か，<u>改善案などあったら聞かせてほしいの</u>

ですが？
👉「改善案」を考えさせる

中村：すべてを事務の人に伝えるのは，結構しんどいので，受注した後のことは，すべて事務に任せた方が，効率がよくなるのではないかと思います。

上司：なるほど。<u>言っていることは分かるのですが</u>，やはり必要な情報は伝えてあげないと，事務も困ると思います。例えば，自分に置き換えた場合，「ここ，新規見込み客です。あとはお願いします」と，会社情報だけ渡されたら，「え？ それだけ？」って，ならないでしょうか？？

中村：そうですね，でも私だったら，「これは？ ここは？」とか，質問して，クリアにしていきます。事務の人だって，知りたいことがあれば，私に聞けばいいじゃないですか？ 何も聞いてこないので，何に困っているか分かりません。
　　　むしろ協力関係が出来ていないのは，事務の方だと思いますが‥‥

上司：そうですね。それも言っていることは分かりますが，やはり中村さんみたいに誰もがスラスラ質問できるとは限らないと思うんですよね。先輩の中村さんに対しては，いくら遠慮するな，といっても，やっぱり遠慮してしまう人もいるんですよね。

中村：うーん，そうですね‥‥

上司：<u>そこで私から提案なのですが</u>，一度事務に任せた後，もう一度，

5分だけ話をする機会を設けたらどうでしょうか？　時間がなければ，電話でもいいです。場づくりをすれば，事務方だって，質問しやすいと思うし，間を空ければ，質問の内容も整理されていると思うし，中村さんの大きな負担にもならないと思うのだけど‥‥。

☞ 上司としての提案

中村：そうですね，それくらいならできます。

上司：分かりました。ありがとうございます。では評価の話に戻りますが，来期の目標として，「社内での協力関係」の評価項目，5点を目指しましょう。そのためには，事務方に営業事務を引き継いだ後，もう一度フォローの時間を作ってあげる。それができれば，5点になります。また，その部分が今回の会社からの評価の減点部分だったので，<u>今回のような営業成績を残せたうえ，あとはその部分が5点になれば，S評価になれたので</u>，次回は事務部門との協力関係を，意識してください。

☞ どうすれば評価が上がるのか？　の説明

中村：分かりました。いやー，私は周りと仲良くやっているつもりだったので協力関係についてはできていると思っていたのですが。事務の方がそんなに困っていたのですね。気づくことが出来てよかったです。

　何をすればよいか具体的に分かりましたので，さっそく今日から，実践したいと思います。

③ 最後に，しっかりとメモを取ってもらう

[中村さんが書いた，面談議事録]

人事考課の結果からの良かった点・改善点	とても良かったこと	更に取り組みを強化してほしい項目
	営業成績，目標達成。	「社内での協力関係」の評価項目
	お客様からの評価がよかった。	
	研究向上意欲がよかった。	
次期の目標	「社内での協力関係」の項目を，来期は5点にする。 （具体的には） 事務方に営業事務を引き継いだ後，もう一度フォローの時間を5分，作る。必ず電話か，対話の場を作って，事務の人が知りたがっていることをクリアにしてあげる。	

☞ 面談者として，良かったポイント（非公開方式と異なる点）

① 本人の自己評価が5点だった箇所について，なぜ上司評価では2点になってしまったか，理由を明確に伝えられていた。そして，どうすれば5点になるのか，どうすれば評価が上がるのか，具体的な説明ができていた。

（⇨ここが，公開方式のポイントです）

② 合意形成を得るための具体的な提案が出来ていた。

☞ 評価について，説明できることが重要

　公開方式において，非公開方式と違うポイントで特に重要なのが，①です。

　点数を伝える際，困るのが，自己評価と上司や会社の評価がかい離する場合です。

　「自己評価が高い＝できていると思っている」ということですので，

「できていると思っているけど，できていないですよ」ということを，どう伝え，どう納得してもらうか。

当然ですが，ここにはもともとの部下と上司の信頼関係がなければ，どのような言葉を発しても部下には届きません。

そのような理由もあり特に最初は最終評価者が同席して，2対1での面談形式からスタートした方がよいでしょう。

同席者は，評価に対する反応や目標の合意形成ができているか，しっかり見てください。

今回の例は優秀な中村さんでしたが，通常はもっと話す内容が多く，非公開方式よりも面談時間は長くなります。十分な時間を取れるかどうかも検討してください。

また，全社一斉ではなく，数字で評価が出来る定量的な部署（営業職など）からスタート，または営業部門だけは公開方式にし，間接部門は非公開にする，という方法もあります。

4.フィードバック面談のまとめ

対話式評価制度においては，最もこの「フィードバック面談が重要」と述べました。評価シート作りの所から流れをまとめると，以下の通りです。

①会社が社員に最も期待していることを明確に伝えるために，評価シートを「10項目絞り込み方式」で作り，
②その期待にどれだけ応えたのかを確認し合うのが評価シートの記入であり，
③評価の結果，個人として何を目標に頑張ってほしいかの合意形成を得るのがフィードバック面談である。

この一連の流れを行うことで、

①部下を評価することで、上司としての意識を高め、
②フィードバック面談において褒め力、指導力を高め、
③同席者が上司と部下の関係性と目標の合意形成をチェックする

ということが実現し、個人と会社が共に成長していく。その最後の締めの部分が、フィードバック面談なのです。
　この流れを作ることが、対話式評価制度において最も伝えたかった部分です。
　ほとんどの中小零細企業でこのフィードバック面談がうまくできていないと感じています。
　うまくできていないというのは、面談において「モチベーションアップ」「目標の合意形成」に至れていない、ということです。
　対話式評価制度に取り組んでみて、もし、どこかの段階で躓いたとき、そこが会社の問題点であるということが発見できます。その問題点というのが、会社への不満なのか、上司個人への不満なのか、向上心が持てない原因がほかにあるのか、躓いたところで対話をしてみてください。

●フィードバック面談の効果●
① リーダーが部下を褒める機会、指導しやすい機会を作ることが出来る。
② ①によって、リーダーとしての実力が付く。
③ 部下と目標についての合意形成をする機会が出来る。

第5章 対話式評価制度【事例編】

事例1．社会保険労務士法人の事例

　まずは私たち，社会保険労務士法人Nice-Oneが導入している評価制度を紹介します。評価制度を導入した時点ではまだ法人設立して2年足らずということもあり，職員のメンバーもほぼ全員が入社して日が浅い若い組織であったため，中長期的な職員育成を目的にスタートしました。職員数は10名程度で全員中途採用ですが，採用自体，組織の将来像を見越した計画的な採用ではなく，「人手が足りないから穴を埋めるための急募採用の中，入社してくれた人が集まった」という，零細企業にありがちな組織体でした。当然「価値観も仕事の仕方も全員バラバラ（所長も含む）」です。個々のスキルはあっても組織として未成熟である状態であることから，段階的に対話式評価制度を取り入れていきました。

☞ まずは評価シート作りから

　評価制度導入時点で職員数は10名，組織としては主に給与計算や労務管理のアウトソーシングを担う「業務部」と，顧客訪問を中心とし，労務相談や人事労務コンサルティングを行う「営業コンサル部」の2つの部署に分かれています。

　仕事の内容が大きく異なることから，部署ごとの評価シートを，全員で作り上げました。

　人数が少ない会社なので，全員参加で行うことができました。作成の仕方は，本書で取り上げたように，65項目（60ページの評価シート

の評価項目の中から「特に，今の自分たちの部署で大切なこと」をテーマに，自分の考えや意見交換をしながら，ややアレンジを加え，最終的に9項目に絞り込み，最後の1項目は自らが選ぶ，という方式を取りました（図表5-1，5-2）。みんなで「選ぶ」という作業を入れることで，「これが我が社の評価シートだよ」と言って渡されるよりも，自ら考え，選んだ評価項目が評価シートになること，また会社として何を大事にしていくのかの意思統一ができた，というメリットがありました。そういう意味で，評価シート作りの時間は，非常に貴重な時間でした。

☞ 評価制度の運用の仕方

まだ社歴の浅いメンバーしかいないので，自己評価を行ってもらうことでその期の振り返りを行い，また次期への目標を設定するためのツールとして使用することからスタートしました。徐々に組織として成長し

フィードバック面談シート（上司のメモ用）の例

	とても良かった項目	更に取り組みを強化してほしい項目
	責任感	部内体制の整備
	コミュニケーション（社内）	
	仕事の正確さ	
本人からのPR		
次期の目標	全員が有給を100％消化できる部署にする	

図表5-1　Nice-oneの評価シート（業務部）

番号	分類	項目	求める結果	自己評価 点数
5	意識	責任感	常に任された仕事は，最後まで気を抜かずやり遂げ，終わった後に発生した問題なども引き続き責任を持ち続けた。	
9		コミュニケーション（社内）	自分が忙しい時でも，状況を見ながら　周囲へ協力するなど，積極的にコミュニケーションを図っていた。	
12		チームワーク・協調性	仕事が遅れている同僚に積極的に声を掛け，協力の姿勢を見せていた。また意見の異なる同僚に対しても考えを尊重し，良い方向へ持っていく事ができた。	
24		顧客満足の追及	顧客が何を望んでいるのかを日々考え，周囲とも相談して最善最適な対応をすることができた。	
27	能力	仕事の正確さ	ほぼ完璧で，顧客や周囲からの信頼を勝ち取り，模範となっていた。	
30		トラブルの処理	トラブルに対して迅速に対処し，顧客との信頼関係を高める事につながっていた。	
34		顧客・取引先との折衝	伝えるべきことを，漏れなく正確に，かつ簡潔に説明することができた。	
35	専門能力	給与計算	与えられた役割を，ミスなく，迅速に　こなせた。	
36	結果	部内体制の整備	全員で各社が担当できるようになり，誰が休んでもよい状態にする。	
66	個別目標			

ていく過程で，タイミングをみてリーダーに一次評価者となってもらう予定です。

　やはり重要視したのが，「フィードバック面談」です。私自身も決して話が得意なわけではないのですが，やはり自社でも本書で取り上げた「フィードバック面談シート」を使って行い，評価シートと面談シート

評価基準			
2 (2点にも満たない場合は1点)	3 (業務に支障のないレベル)	4	5
任された仕事について，途中で投げ出す事があり，顧客に迷惑をかける事があった。	任された仕事は，やり遂げ，問題となる事もなかった。	任された仕事は，最後まで気を抜かず，やり遂げていた。	最後まで気を抜かずやり遂げる事はもちろん，後のフォローも責任を持ち続けた。
一部の人間とうまくいっておらず，業務に支障をきたすこともあった。	おおむね業務に支障ない程度に行う事ができていた。	積極的に声掛けをして，協力していた。	積極的に声かけをして，部署によい雰囲気を作れていた。
自分のペースで仕事を進め，同僚などへの協力の姿勢が見られなかった。	自分の仕事が落ち着いている時など，ある程度は同僚へ協力できた。	意見の異なる同僚ともうまく折り合いをつけ，仕事を進めていた。	常に同僚と協力して仕事を進め，チームの雰囲気を良くするなどの役割も果たした。
仕事が終われば良いという考えで，顧客目線で考える事ができなかった。	顧客の望むものをある程度は考え，次に活かそうとしていた。	顧客目線で仕事に取組み，業務の見直しなどをしていた。	常に顧客目線を忘れず，サービス向上のためにすべき事を追求していた。
間違いが散見され，業務に支障をきたす事があった。	間違いはあまりなく，問題となる事はなかった。	ほぼ間違いはなく，結果的に業務効率化につながっていた。	ほぼ完璧で，顧客からの信頼を得ていた。
トラブルに対して適切な対応ができず，事態を悪化させる事があった。	トラブルは，周囲に相談しながら，処理する事ができた。	トラブルには，迅速に対応し問題なく解決させていた。	トラブルに対して迅速に対処し，かえって顧客からの信頼を高めていた。
伝えるべきことが整理できず，うまく説明ができないことがあった。	事実関係の説明などがおおむねできていた。	説明すべきことを漏れなく適切に伝える事ができた。	伝えるべきことを正確に，かつ簡潔にわかりやすく説明することができた。
独立してできるものの，ミスが目立ち，給与計算ミスが2件以上あった。	おおむね問題なくこなした。実務上特段の支障はなかった	指示を受ける立場として活躍。正確，スピーディーにこなし，ミスはほとんどなかった。	指示を出す立場として活躍。部署全体について，正確，スピーディーにこなせ，ミスはほとんどなかった。
あまり進まなかった。	途中だが，徐々に進んでいる。	もう一息で整備できそう	完璧に達成できた。

があることで，伝えるべき点（褒めること，更なる向上を目指してほしいこと）を明確に伝えることができているのではないかと思います。フィードバック面談シートは，自らの面談メモとして用い，部下にはメモをとってもらっています。

図表5-2　Nice-oneの評価シート（営業コンサル部）

番号	分類	項目	求める結果	自己評価 点数
12	意識・行動	チームワーク・協調性	仕事が遅れている同僚に積極的に声を掛け，協力の姿勢を見せていた。また意見の異なる同僚に対しても考えを尊重し，良い方向へ持っていく事ができた。	
14	意識・行動	積極性	難しい仕事に対しても積極的に挑戦していた。会議などでも自分の意見をしっかり発言していた。	
17	意識・行動	研究向上意欲	常に業務改善や売上向上などのために検討を重ねて上司等に提案していた。	
24	意識・行動	顧客満足度の追求	顧客の満足度を常に追求して，積極的に改善案を出していた。また日々試行錯誤し，サービス向上のため努力を惜しまなかった。	
27	能力	仕事の正確さ	ほぼ完璧で，顧客や周囲からの信頼を勝ち取り，模範となっていた。	
30	能力	トラブルの処理	トラブルに対して迅速に対処し，顧客との信頼関係を高める事につながっていた。	
36	専門	面談代行	完全に一人で，コンサルティングが出来，顧客満足度も高かった。	
42	リーダー	仕事の進捗管理	常に仕事の進捗管理に気を配り，納期遅れは全くなかった。遅れそうな時は，早めに関係各所へ連絡を取るなどして，必要な対応をしていた。	
46	リーダー	事務部門との連携	事務部門との連携が常に上手く取れており，業務がスムーズにいくだけでなく，顧客から信頼されていた。	
37	結果	売上目標（月額顧問料総額）	個人売上目標（　　　　）万円／半期の総額	
66	個別目標			

☞ **特に大事にしてきたこと**

　評価制度において，特に大事にしてきたことは，何よりも本書のテーマでもある「個別面談による対話」です。半期（6箇月）に一度のフィードバック面談のほか，入社半年以内のメンバーについては原則と

評価基準			
2 (2点にも満たない場合は1点)	3 (業務に支障のないレベル)	4	5
自分のペースで仕事を進め、同僚などへの協力の姿勢が見られなかった。	自分の仕事が落ち着いている時など、ある程度は同僚などへ協力できた。	意見の異なる同僚ともうまく折り合いをつけ、仕事を進めていた。	常に同僚と協力して仕事を進め、チームの雰囲気を良くするなどの役割も果たした。
難しい仕事を避けていた。意見も発言する事がほとんどなかった。	指示された仕事はこなし、意見もある程度は発言していた。	仕事が終われば、次の指示を仰いでいた。意見も積極的に発言していた。	難しい仕事も積極的に挑戦していた。意見も常に積極的に発言していた。
仕事をこなす事だけを考え、漫然と仕事をしていた。	ある程度は業務の進め方などをより良くするために検討していた。	業務の進め方などをより良くするためにどうすべきかを検討していた。	常に最善の方法を検討し、そのためにはどうすべきかを検討・提案していた。
顧客の満足度を考えることなく、漫然と仕事していた。	ある程度顧客の満足度を追求し、必要があればフォローできていた。	顧客の満足度を追求し、問題があれば、改善していた。	顧客の満足度を常に追求し、日々工夫してサービスの向上を図っていた。
間違いが散見され、業務に支障をきたす事があった。	間違いはあまりなく、問題となる事はなかった。	ほぼ間違いはなく、結果的に業務効率化につながっていた。	ほぼ完璧で、顧客からの信頼を得ていた。
トラブルに対して適切な対応ができず、事態を悪化させる事があった。	トラブルは、周囲に相談しながら、処理する事ができた。	トラブルには、迅速に対応し問題なく解決させていた。	トラブルに対して迅速に対処し、かえって顧客からの信頼を高めていた。
まだ一人ではこなすことが出来ず、先輩や上司のアドバイスが必要だった。	提案し、実行することができ、一人でこなすことが出来た。	一人でこなし、全社的に見ても、高いレベルの知識と説明能力を持っている。	他のメンバーへのアドバイスもでき、この分野で頼れる存在であった。
進捗管理がほとんどできておらず、納期に遅れるなど支障をきたしていた。	進捗管理はある程度できており、納期遅れも少なかった。	進捗管理は十分できており、納期遅れもほとんどなかった。	常に進捗管理を徹底し、遅れそうな時は必要な対応をして、納期遅れは全くなかった。
事務部門との連携が上手くできず、顧客に迷惑をかける事があった。	事務部門との連携は、業務に支障がない程度でできていた。	事務部門との連携が上手く取れており、スムーズに業務をこなしていた。	事務部門との連携は常に上手く取れており、顧客からも信頼されていた。
90〜94%	95〜99%	100〜109%	110%以上

して毎週1回、30分以上の時間を取ってフィードバック面談を行っています。特に意識していることは3点あります。

① フィードバック面談，個別面談の優先順位は自分の仕事の中で最優先とする

　小さな会社なので，所長である自分自身もプレイヤーとして走り回らなければならない毎日です。しかし，「管理職が忙しくて面談ができていない，又は後回しになっている」という職場ほど，定着率も悪く人が育っていない，という現状を見てきただけに，どんなに忙しくても「自分の中で一番優先すべき仕事である」という意識を持ち，後回しの仕事にしないよう，取り組んでいます。

② 「教えて頂いている」という心構えで臨む

　フィードバック面談，個別面談は，普段なかなか言えない，褒めたいこと，感謝していることを伝える貴重な場面です。著者である私自身も，面談というのは苦手ではあるのですが，繰り返していくうちに慣れてきて，コミュニケーション力が付いてきているような気がします。

　また職員からの厳しい声は，自らが気づいていなかった職場の課題に対する，貴重な情報です。きっと半分も言いたいことが伝えられていないし聞きたいことが聞き出せていないと思うのですが，それでも「多くの事を学ばせて頂いている」ということについては，間違いありません。自らの成長の場でもあるのです。自らがリーダーとして大いに未熟者であることを自覚し，「部下に育ててもらっている」という心構えで臨んでいます。

③ 自らが結果を出すこと

　面談に臨む大前提として，自らが結果を出していなければ言葉に説得力を持たせることが出来ません。私が以前いた職場で，部署の目標を達成するために，ただ部下を叱咤することしかしていない（ように見える）上司がいました。単に数字が上がっていれば褒める，上がっていなければ叱責する，それしかしていないように見えて，「あなた自身の役

割は，部署の目標に対して部下のお尻を叩くことだけなのですか？」と，いつも上司としての姿勢に疑問を抱いていました。またいつもみんなで，「あの人，怒っているだけで何もしていないよね‥‥」という陰口を叩いていたのを覚えています。

　特に中小零細企業の場合，リーダーの役割を明確にし，リーダー自らがそれに対する結果を出さなければ，部下の士気は上がりません。成熟していない企業ほどその重要性は高まります。自分達の会社でもそのことを十分意識し，もし自らが結果（つまり会社の業績）を出せていなければ，まずはそのことについて部下に頭を下げてから，話をする，というように，「まずは上司自らの結果」を顧みて，面談に臨むようにしています。

☞ 評価制度の成果と今後の展望

　まだ法人としてスタートしたばかりである分，評価制度自体を育てている段階ではあるものの，やはりみんなで作った評価シートがあるおかげで同じ方向を見て進めているのではないかという実感があります。今は自己評価とフィードバック面談のみという段階ですが，今後は，まずはリーダーに対する評価を行うことでリーダー自身が評価制度を経験してもらい，次はリーダーが一次評価者になってもらう，というように徐々に組織としてのステップアップを図っていきたいと思っています。

　ただ，評価制度としてはこの段階でも，フィードバック面談や日頃の面談を続けていることで，自分自身としても組織としても成長していることは間違いありません。組織の成熟度に合わせて，評価制度も育てていこうと思っています。

図表5-3 評価シートの一部に、数値目標を入れた

	評価項目	内容	評価基準				
			1	2	3	4	5
1	売上	事業所の売り上げ	目標達成率90%未満	目標達成率90%以上95%未満	目標達成率95%以上100%未満	目標達成率100%以上110%未満	目標達成率110%以上
2	入居率	施設の入居率	目標達成率90%未満	目標達成率90%以上95%未満	目標達成率95%以上100%未満	目標達成率100%以上110%未満	目標達成率110%以上
3	事故件数	事故の発生件数	4件以上	3件	2件	1件	0件
4	クレーム件数	クレームの件数	4件以上	3件	2件	1件	0件
5	出勤日数・率	決められた出勤日数を出勤しているか	出勤率92%未満	出勤率92%以上95%未満	出勤率95%以上98%未満	出勤率98%以上100%未満	出勤率100%
6	遅刻・早退数	遅刻・早退の数	評価期間中に8回以上	評価期間中に5回以上8回未満	評価期間中に2回以上5回未満	評価期間中に0回以上2回未満	評価期間中に0

事例2.介護施設Y社の導入事例

　介護施設を運営するY社は，2拠点の有料老人ホームを運営しています。従業員数は全体で20名ほどの会社です。毎年，入社する人数分だけ退職者が出る，という悪循環で悩んでいました。そこで「人材の定着，育成を強化したい」という依頼で，私に声をかけて頂きました。

　社長と専務を中心に，統括部長，各施設長のほか，将来のリーダー候補に声をかけ，総勢7名で月1回集まり，半年間かけて評価制度を作り上げました。

☞ **3つのキーワードについて，行動指針を作った**

　評価項目一覧の中から，「重要な項目を選ぶ」という段階から議論は白熱しました。社長いわく，「テーマが与えられたことで各自発言がしやすく，意見交換が活発になり，また評価シートと行動指針という成果物を作ることで一体感が芽生えた」という効果が大きかったそうです。

　また「リーダーの経営参加意識が乏しい」という課題に対し，リーダー用評価シートの一部に数値目標を掲げたことも，意識改革に一役買ってくれました（図表5-3）。

　自分たちの課題を見つめ直した結果，リーダー用，一般職員用の評価シートのほか，「気づき力」「思いやり」「チーム精神の発揮」という3つのキーワードで具体的な行動を掘り下げて考え，行動指針が出来上がりました（「頑張ろうシート」と名付けました）（図表5-4）。

☞ **毎月のミーティングとフィードバック面談・人事異動で効果が出てきた**

　実は，Y社は2拠点のうち，特に1拠点で退職者が多く，また人間関係のトラブルも頻発していて課題だったのですが，その原因は施設長にありました。今回の取り組みを通じてその施設長に対し厳しい評価を下

図表5-4　頑張ろうシート（「気付き力」の例）

	具体的な行動	自己評価
1	「とりあえず今日の業務をこなせればいいや」ではなく，「より良くするにはどうするか」という考えを常に持って取り組む。	
2	毎日入居者様の寝ぐせは必ず直し，目やにも付いていることがないようにする。頭髪の伸び具合をチェックし，いつ散髪するか予定を立てる。	
3	日ごろから入居者様・各職員の心身の状況を把握・観察し，小さな変化にも気付ける様にする。また，変化に気付いたら適切な対処をする。	
4	身に着けるもの（衣類など）や備品が汚れていたり，壊れていることに気付いたら，後回しにせずすぐに対処する。	
5	気付いたことがあったら，忘れないようにすぐにメモを取る。	
6	歩行の妨げになるようなものがあったら，安全な移動が出来るように対処する。例えば電気コードなら引っかからないようにする。	
7	入居者様の表情・様子がいつもと違う，体が熱いなどと感じたら，すぐにバイタルチェックをし，その結果を基に適切な対処をする。	
8	入居者様が「最近怒りっぽい」「認知症の周辺症状が増えた」など変化に気付いたら，すぐに上司に報告し，その原因がどこにあるのか，他職員と話し合って考える。	
9	何かに「気付いた」時には，なるべく後回しにせず，すぐ対処するように心がける。	
10	施設内の物品・備品を常に意識し，不足や壊れがないことで，慌てずに安全にサービスが提供できる。	
11	物事を決めつけず，様々な視点から観察・想像することで，危険を回避しより良いサービスが出来る。	

し，人事異動で施設長を交替した結果，退職する人もほぼいなくなり，まるで別の施設になったように離職率が下がり始めました。改めてリーダーの重要性を感じました。厳しい人事については，「なぜあなたは施設長として失格なのか？」を，評価を理由として説明できたことが，大いに役立ったそうです。

　リーダー達は「自分達が大切にすること」が評価シートや行動指針「頑張ろうシート」に落とし込まれたことで，「人を育てるための面談」（評価フィードバック面談だけでなく，こまめな定期面談）を実現し，

職員個人も徐々に変わっていき，今では取り組み始めた2年前とは比べ物にならないほど，挨拶の明るい職場に生まれ変わっています。

　もちろん評価制度だけがここまで大きな改革に至れた原因ではありませんが，間違いなく組織改革の一翼を担ってくれたそうです。今ではリーダー達に現場を任せられるようになり，社長，専務は現場を離れて新しい事業に着手することができるようになりました。ますます今後が楽しみな会社です。

事例3. 建設会社S社の導入事例

　東京都内に拠点を構えるS社は，従業員20名ほどの建設会社です。この会社の大きな特徴は，逆に課題でもあるのですが，「高齢従業員が多いこと」です。特に現場作業員に至っては，4分の3以上が65歳以上という状況で，早急な若返りが必要でした。しかし，建設業は人手不足が深刻な業界で，募集をかけても高齢者しか応募が来ず，このままでは「従業員高齢化倒産」という事態が数年後に控えている状況でした。そのような中，「若者を採用したい」という相談で，私に声をかけて頂きました。

☞ **まずは「定着してもらえる環境づくりから」**

　S社の従業員の方々は，とにかくたくさん働いてきた世代のメンバーが中心でした。休日も残業も関係なく，とにかくよく働く職人さんの集団だったのです。しかし，今の若者は基本的に「就業時間がはっきりしていること，休日がはっきりしていること」また，残業，休日出勤をした場合の補てんのルールがはっきりしていなければ，まず来てくれません。

　今の若者には，「一人前になるまでは必死で先輩を見習え」という育成環境では，見向きもされないのです。そこでまず「ベテラン職人組」

と、「次世代若者組」に労務管理を分け、就業規則、賃金制度を整備して、定着してもらえる環境づくりから始めました。

具体的には、定年年齢を過ぎた嘱託社員であるベテラン組は（法に触れない内容で）ある程度自己裁量とし、定年年齢前のメンバーは次世代若者組として、しっかりと労働時間、休日、賃金制度のルールを定め、若者が応募したくなるような体制を作りました。そして、求人情報の見直しをかけていきました。

☞ 若者が入社してきた！

大変有難いことに、次世代の社長候補として、優秀な若きリーダーを、社長のコネクションで採用することが出来ました。私も何度もお会いしていますが、後輩への面倒見がよく、素晴らしい方です。これで採用、定着、育成体制が取れる状態になりました。そこで対話式評価制度（図表5-5）を構築し、いよいよ若者の採用活動スタートです。

☞ 定着と育成の取り組み

しかし、現実は厳しかった‥‥。社内の受け入れ態勢は整ったものの、やはりハローワークや求人広告では、なかなか応募が来ないという、厳しい状況が続きました。そのような苦しい中、人材紹介会社を通じ、まず2名の20代の若者を採用することが出来ました。人材紹介会社に支払う紹介手数料は多額になってしまうものの、採用力の弱い状況では致し方なし、それよりも定着、育成に力を注いでいくこととしました。

S社の場合、評価の対象は新しく入社したこの2名だけ、今後も対象者は新入社員だけに行う、という体制でスタートしました。一次評価者は、前述した次期社長候補の方、最終評価者は社長です。

定着への取り組みとして、リーダーとの評価フィードバック面談のほか、「外部人材面談制度」を取り入れました。これは、私のような外部

の人材が，日頃の辛いことや社内での問題点，今の悩みや今後の目標などについてカウンセリングし，本人了解の事項についてのみ上司に報告し，定着，育成に役立てていく，というものです。「上司の方が，●●さんのここが素晴らしいと，褒めていましたよ」と，毎回上司からの良い評価もお伝えさせて頂いているのですが，第三者を通じて褒められると，より違った感覚の嬉しさや安心感があるようです。

☞ 評価制度や外部人材面談制度の成果はどうか？

　評価シートを使ったフィードバック面談では，「論点がはっきりした話ができるので，面談がしやすい」ということで，やはり面談時に役立っています。「外部人材面談制度」については，外部の人間だからこそ話せることや，外部の人間だからこそ気づける視点があるので，その報告については毎回会社の課題としてよき材料となっており，上司，会社としても育成体制に役立っています。また時間が経てば同じ質問に対しても回答が変わってくることがあります。社員の変化に気づくことができる，という点でも，効果を発揮しています。当の若者たちも，会社への信頼度が日増しに高まり，前向きに頑張ってくれています。

　次期社長候補自らが新人と直にコミュニケーションを取るという，中小零細企業でしかできない取り組みを行うことで，ベテラン勢とは違った良さを持った若者チームができあがってきて，社内が活性化してきました。またベテラン勢も若者たちの事を目にかけてくれ，世代交代の準備を評価制度と面談制度を通じて着々と進めることが出来ている，よき事例企業なのではないかと思います。

　評価と対話をうまく活用しながら次世代へと引き継いでいっている，S社の今後が楽しみです。

図表5-5　S社の評価シート

| 部署： | 部 | 氏名（　　　　） | 評価期間（　　月～　　月） |

分類	番号	項目	求める結果	自己評価	一次	二次
				点数		
	2	出勤時間，約束時間や期限の厳守	常に約束の時間や期限に間に合うよう事前の準備をしっかりしていた。また遅れそうな時のフォローがしっかりできていて，トラブルになる事がほとんどなかった。			
	4	役割の理解	自分自身が会社から期待された役割を理解し，行動していた。			
	8	報連相	漏れなく報告・連絡することはもちろん，必要なタイミング，手段など状況を見極めて行うことができた。			
	12	チームワーク・協調性	仕事が遅れている同僚に積極的に声を掛け，協力の姿勢を見せていた。また意見の異なる同僚に対しても考えを尊重し，良い方向へ持っていく事ができた。			
	14	社内での協力関係	上司，同僚，後輩，すべての職場の仲間と，良好な関係を築けており，仕事をスムーズに進めることができている。			
	20	経営参加の意識	常に売上やコスト，経営理念など会社全体の事に関心を持って，自分がどう行動すべきかを考えていた。			
	17	研究向上意欲	常に業務改善や売上向上などのために費用や人材など検討を重ねて上司等に提案していた。			
	24	顧客満足の追及	顧客が何を望んでいるのかを日々考え，周囲とも相談して最善最適な対応をすることができた。			
	27	仕事の正確さ	ほぼ完璧で，顧客や周囲からの信頼を勝ち取り，模範となっていた。			
	28	整理整頓	机やPCなど常に整理整頓されている事はもちろん，必要な書類やファイルが，すぐに取り出せる状態を保ち，業務効率化につながっていた。			
個別目標	66					
			合計			

一次評価者コメント	二次評価者コメント（面談前）
次年度(上半期・下半期)の目標と，実行すること	二次評価者コメント（面談後）

一次評価者（　　　　）二次評価者（　　　　）			

2 （2点にも満たない場合は1点）	3 （業務に支障のないレベル）	4	5
無断欠勤や遅刻することがたまにあり周囲に迷惑をかける事があった。	たまに約束の時間や期限にギリギリになる事はあったが、おおむね問題なかった。	約束の時間や期限には余裕をもって備えており、問題となる事はなかった。	常に5分前到着と自分にルールを設定し、遅れそうな時は、事前連絡を欠かさなかった。
役割を理解できていないことがあり、職責を全うできていないことがあった。	役割を理解し、行動を伴っていた。	役割を理解し、行動し、良い結果を出した。	役割を理解し、行動し、会社が期待する以上の良い結果を出した。
自分から報告・連絡・相談をすることができなかった。	たまに報告や連絡が遅れる事があったが、おおむね支障なくできていた。	報告・連絡を速やかに漏れなく伝えていた。	常にわかりやすい言葉で、かつ状況に応じた方法で報告・連絡をしていた。
自分のペースで仕事を進め、同僚などへの協力の姿勢が見られなかった。	自分の仕事が落ち着いている時など、ある程度は同僚などへ協力できた。	相性の悪い同僚ともうまく折り合いをつけ、仕事を進めていた。	常に同僚と協力して仕事を進め、チームの雰囲気を良くするなどの役割も果たした。
自分本位なところがあり、他人を困らせることがあった（他者との協力の姿勢が見られなかった）。	社内での協力関係について、良好な関係を築けており、おおむね、仕事はスムーズにできていた。	社内での協力関係について、自ら良好な関係を築く努力が見えていた。	仕事のスムーズ化だけでなく、改善提案やチームの雰囲気を良くするなどの役割も果たした。
売上や会社目標について、また、経営に対する関心についての、意識を持てていなかった。	売上や会社目標について、理解、把握はしていたものの、自ら積極的に取り組むことはできなかった。	「どうすれば会社がもっと良くなるか？」を意識し、自ら積極的に行動をしていた。	「どうすれば会社がもっと良くなるか？」を意識し、自ら積極的に行動をし、実際に成果につながった。
仕事をこなす事だけを考え、漫然と仕事をしていた。	ある程度は業務の進め方をより良くするために検討していた。	業務の進め方などをより良くするためにどうすべきかを検討していた。	常に最善の方法を検討し、そのためにはどうすべきかを検討・提案していた。
仕事が終われば良いという考えで、顧客目線で考える事ができなかった。	顧客の望むものをある程度は考え、次に活かそうとしていた。	顧客目線で仕事に取組み、業務の見直しなどをしていた。	常に顧客目線を忘れず、サービス向上のためにすべき事を追求していた。
間違いが散見され、業務に支障をきたす事があった。	間違いはあまりなく、問題となる事はなかった。	ほぼ間違いはなく、結果的に業務効率化につながっていた。	ほぼ完璧で、顧客からの信頼を得ていた。
書類が散乱していて、必要なものがなくなり業務に支障をきたす事があった。	業務に支障がない程度で整理整頓されていた。	整理整頓がなされ、必要なものはあまり時間をかけず取り出す事ができていた。	常に整理整頓がなされて、業務効率化につながっていた。

社長コメント	《要領》
	●本人は一次評価者との面談の前に、自己評価（点数・コメント）を行い、面談する。 ●一次評価者も同じく、面談前に点数、コメントを付ける。面談後もコメントを入れる。 ●二次評価者の評価後、本人と社長で面談する。

補論　評価者養成のためのテキスト事例

短い時間で，「評価者研修」ができるように「簡易的なテキスト」を作る

　評価制度を運用していくにあたり，重要な取り組みとして挙げられるのが「評価者の教育＝評価者研修」です。

　大企業の場合は，毎年人事異動の時期に，定期的に，新たに評価者になった者を集めて人事評価者研修を行うことができますが，中小零細企業は多くの場合，そうはいきません。

　例えば新たに評価者に任命された者が1名だった場合，わざわざ時間を取ってその1名だけのために評価者研修を行う，というのはなかなか難しいものです。また，評価を行う時期も半年に1度など，しょっちゅう行うわけではないので一度評価者研修を受けたとしても，半年後には忘れてしまうことも多いものです。

　そこで，いかに簡易的に啓もうできるかが重要になってきます。

　評価者研修をしょっちゅう行うのは難しいので，できるだけ読んである程度の事が理解できるような，簡易的なテキストを作っておきましょう。

　本書では，事例として第3章で取り上げたモデル企業が評価者研修を行う場合に使用したり，もしくは読んでもらうための簡易的なテキスト「人事評価制度ルールブック」のイメージをご紹介します。

人事評価制度ルールブック
参考テキスト

●モデル企業●

業　　種：介護福祉業
従業員数：30名
評 価 者：・社長
　　　　　・一次評価者となる部門長（営業所所長）であるリーダー3名

Ⅰ.制度の説明編

1.目的をしっかりと伝える

（補足）
どういう目的での評価制度なのか，また人事評価により，会社が何を目指すのか，目的の説明を伝える場合の例です。会社が大切にしたい想いを，伝えましょう。

参考テキストイメージ

【当社の評価制度】
　当社では，毎年2回の評価制度を導入しています。
　評価シートには，「特に社員の皆様に取り組んでもらいたいこと」のメッセージが盛り込まれています。各自が評価シートに出ている「特に意識すべき内容」を理解し，日々の仕事に取り組んでください。

【評価制度を通じて大切にしたいこと】

当社の評価制度では，会社と社員の皆様とのコミュニケーションを重視しています。

評価終了後には必ずフィードバック面談を実施し，よく頑張ってくれたことの感謝を伝える場，そして今後取り組みを強化してほしいことなどについて話し合う場を設けます。結果として，社員皆様自身の成長，そして会社の成長へとつなげていくことを，一番の目的としています。

> 注意点

「公平に，社員を評価する」ことはとても重要なことですが，公平性・納得性・完璧な評価であることには限界があります。常に社員の皆様の声を聴きながら，制度改定をしていきますが，公平性や納得性を追い求め続けてしまうと本来の目的である「社員自身の成長・会社の成長」を忘れてしまいます。制度の内容よりも，フィードバック面談を通じてしっかりとコミュニケーションを取り，会社の目標と社員個人の目標の目線を合わせて，共に頑張っていきましょう。

2.評価体制について

(補足)
誰が誰を評価するのか，評価体制の説明をします。
それと同時に，誰がどのような役割を担うのかも，説明をしておきましょう。

参考テキストイメージ

当社では，原則として直属の上司（営業所長）が一次評価者，社長が最終評価者とする体制をとっています。

具体的には，以下の表の通りです。

被評価者		一次評価	最終評価
	所長		一次も最終も社長
	リーダー	営業所長が一次評価者	社長が最終評価者
	一般	営業所長が一次評価者	社長が最終評価者

　フィードバック面談は，原則として直属の上司のほか，立ち合い役として社長が同席して行います。

3. 等級基準表について

> 会社の「等級基準表」の説明です。
> どのレベルの人間が，どのような役割を期待されているのか，どのような結果を期待されているのかの表を説明します。またこの表が，キャリアアップの説明資料にもなります。

参考テキストイメージ

　当社の等級基準表は以下の通りです（図表補-1）。

　どのレベル（等級）の社員が，どのような役割，結果を期待されているのかが表されています。

　また，この表が，社員一人ひとりのキャリアアップのイメージ図にもなります。

　キャリアアップにおける昇格，降格とは，以下のことを言います。

● 昇格（降格）とは

　昇格とは，レベル（等級）が上がること（レベル1から2へ，など），逆に降格とはレベルが下がることをいいます。

　評価を通じ，求められる仕事のレベルや，それに対する結果を基に，昇格，降格を判断します。

補論　評価者養成のためのテキスト事例

図表補-1　等級基準表（現場介護職）

職層	レベル	職位	使用する評価シート	求められる仕事レベル	役割
	6	所長	所長用	●経営者と一体の立場で組織全体を統括することができる ●部下の指導・育成等ができる ●リーダー達を取りまとめることが出来る	●一次評価者，フィードバック面談者 ●定期的な部下との面談を行う ●プレイヤーとして部署を引っ張る
一般職	5	リーダー	リーダー用	●評価シートにおいて，評価A以上 ●定型的業務については，スペシャリスト（全社的に見て最高レベル） ●管理職ではないが，一般職の指導を責任者として行うことができる（指導力があること）	●部署のリーダーとして，所長との橋渡し役 ●部署の実務を担うものとして，部下への教育
一般職	4	上級	一般職用	●評価シートにおいて，評価A以上 ●定型的業務については，スペシャリスト（全社的に見て最高レベル） ●下位者に，適切なアドバイスができる	●介護技能について，部署の手本となる ●下位者への指導，アドバイス ●リーダーや所長の現場仕事の負担を減らせるよう，現場の仕事をメインでこなす
一般職	3	中級	一般職用	●評価シートにおいて，評価B以上 ●自立して，定型的な日常業務を独力で遂行できるレベル ●下位者に，適切なアドバイスができる	下位者への指導，アドバイス
一般職	2	初級	一般職用	●評価シートにおいて，評価C以上 ●上司の指示を受けながら，定型的な日常業務を遂行できる	●上司の指示に従い，素直な気持ちを持って業務を遂行する ●会社の一員として経営理念を理解する
一般職	1	試用期間	一般職用	●試用期間中 ●未経験者でスタートした者 ●全社的に見て，下位に属するレベル	●上司の指示に従い，素直な気持ちを持って業務を遂行する ●会社の一員として経営理念を理解する

昇格判断	目標・求める結果	基本給
会社の状況及び社長判断	●事業所の予算を達成する ●プレイヤーとして作業を完遂する ●評価者，部署の最高責任者として部署を指揮し，よい雰囲気の部署を作る ●事務所内の書類について，部下に指導し，常にきれいな状態を保つ	270,000 ～ 300,000 （＋役職手当）
会社からの打診と，本人の承諾があればレベル6の所長へ昇格	●プレイヤーとして完璧に作業を遂行し，部署全体のミスを減らす ●リーダーとしての役割を完遂し，よい雰囲気の部署を作る ●全員をレベル3まで，引き上げる	250,000 ～ 280,000
会社からの打診と，本人の承諾があればレベル5のリーダー職へ昇格	●プレイヤーとして部署のお手本となる ●リーダーの指示のもと，現場をメインに行い，リーダーや所長の負担を軽くする	210,000 ～ 250,000
評価がA以上で，かつ上司の推薦があればレベル4へ昇格	●プレイヤーとして独力で作業を完遂する ●リーダーの指示のもと，下位レベルのメンバーの仕事のチェック役を担い，下位者のミスを減らす	190,000 ～ 210,000
評価がB以上で，かつ上司の推薦があればレベル3へ昇格	一通り独力で作業ができるようになり，レベル3へ昇格する	170,000 ～ 190,000
原則として試用期間終了後。以後は，随時，上司の推薦により行う	一刻も早く，レベル2へ昇格する（新入社員の場合は，入社3ヶ月以内が目標）	170,000

●昇格の決定の方法

「昇格判断」の列を参照してください。評価や上司の推薦，会社組織の状況により，決定します。

●降格について

望ましいことではありませんが，どうしても評価が所属しているレベルに達しない場合などは，降格を命ずる場合があります。レベルの列を見て，自身が期待されていること，目標や求める結果を意識して，仕事に臨んでください。会社は社員の皆様のレベルアップを支援します。

4.評価シートについて

> どのレベルの人が，どの評価シートを使うのかを説明します。
> また，特に重要な10項目を評価シートに絞り込んでいることを伝え，評価項目が会社の目標であり，社員一人ひとりに期待したい項目であることを意識して日々の仕事に臨んでもらうよう，伝えます。

参考テキストイメージ

当社では，職種，等級ごとに，以下の評価シートを用います。

職種	等級	使用する評価シート
事務職	1～4	一般事務職用
	5～6	管理職用
介護職	1～4	一般介護職用
	5	リーダー用
	6	所長用

なお，評価項目については，多数の評価項目キーワード（60ページ図表3-5参照）の中から，特に重要な項目9項目を，社長と所長のメンバーで話し合って決めた内容です。

この評価項目については,「今年,特に重要な項目」として,毎年検討を重ねていきます。
　皆さんは「今,会社が最も重要視していることが評価シートに記載されている」ということを意識して,日々の仕事に臨んでください。

　そして,1項目,自分で項目を選べるようになっています。
　自身で意識したいことを選び,上司と相談して個人枠の1項目を決めてください。

5.評価スケジュール

> 年に何回,どの時期に評価をするのか,評価期間はどうなっているのかを説明します。

参考テキストイメージ

　当社では年2回,評価を実施します。評価の対象期間と実施時期は以下の通りです。

対象期間	上期	1月～6月
	下期	7月～12月
昇格・降格時期		1月（1月～12月の年間評価により決定）
昇給・降給時期		
ボーナス時期	上期	7月（1月～6月の評価により決定）
	下期	12月（7月～12月の評価により決定） ※評価シートは,11月中に記入してしまいます。

※昇格,降格については,期中にも都度,行う場合がある。

6. 異動者・中途入社等の評価対象期間について

> 評価期間中に部署異動があった場合や，中途入社の場合の評価対象期間についてのルールを説明します。

参考テキストイメージ

　異動者・中途入社等の評価対象期間については，原則として以下の基準とします。

　ただし様々なケースがあることから，事情を考慮し，個別に判断する場合もあります。

中途入社	半期（6ヶ月）のうち，4カ月以上，評価期間がある場合に，対象とする。 （4カ月に満たない者は，評価対象外。ただし，フィードバック面談は原則として全員行う）
異動者	・半期（6ヶ月）のうち，3カ月以上，在籍していた部署で，評価を行う。 ・2つの部署でちょうど3ヶ月ずつの場合は，前後の部署でそれぞれ評価を行い，それぞれの評価の平均値を評価点とする。 （例） 異動前の部署での評価点が60点，異動後の部署での評価点が70点の場合 　⇨一次評価の評価点は，65点とする。 ・部署異動が重なり，いずれの部署も3ヶ月に満たない場合は，原則として最後の部署で評価を行う。ただし様々なケースがあることから，個別に判断をする場合がある。
産休，育休の期間が入った場合	半期（6ヶ月）のうち，4カ月以上，評価期間がある場合に，対象とする。 （4カ月に満たない者は，評価対象外。ただし，フィードバック面談は原則として全員行う）

7.年間総合評価の付け方

> 事例企業では,上期,下期の年2回,評価を行い,年間の総合評価で昇給等を決定します。
> 上期と下期を踏まえた総合評価の決定の仕方について,ルール決めをしておきます。

参考テキストイメージ

年間の総合評価については,原則として以下のルールで決定します。

①上期,下期が同じ場合は,その評価を年間評価とする。

(例)

上期	下期	年間総合評価
B	B	B

②上期,下期が1ランク違いの場合は,下期の評価を年間評価とする。

(例)

上期	下期	年間総合評価
B	C	C
C	B	B

③上期,下期が2ランク以上違う場合は,平均値を年間評価とする。

(例)

上期	下期	年間総合評価
A	C	B
C	A	B
A	D	B or C →最終評価者が判断

Ⅱ.評価の仕方編

1.絶対評価と相対評価

> 評価の仕方には,「絶対評価」と「相対評価」があります。
> 評価者の基本的知識の部分でもあるため,この評価の仕方の考え方について,教えてあげましょう。

参考テキストイメージ

評価の仕方には,「絶対評価」と「相対評価」があります。
まずは,以下の図で,考え方を理解しておきましょう。

●相対評価と,絶対評価
　相対評価とは?――

　相対評価とは,「周りの人と比較して,競争で点数を付ける評価の仕方」です。

　例えば,一つの評価項目について,以下の図のように,「評価する集団のうち,上位5パーセントは5点,その次の20%位が4点,半分くらいは3点,‥‥」というように,順位によって評価点を付ける方法です。

(評価項目の例)上司の指示・命令や諸規則を守り,職場の秩序向上に努めていたか?

1点	2点	3点	4点	5点
5%	20%	50%	20%	5%

半数が「3点」になるようにする

絶対評価とは？──
　評価する基準が決まっており，この評価基準に照らしてどの段階であったかを評価します。

（評価項目の例）上司の指示・命令や諸規則を守り，職場の秩序向上に努めていたか？

評価点数	評価段階の定義
5	諸規則や上司の指示の内容をよく理解し，自ら進んで守るとともに，他の者の良い模範となっていた
4	諸規則や上司の指示は定められたとおり守っており，他の者にも良い影響があった
3	諸規則や上司の指示に違反することはほとんどなく，職場の秩序を乱すことはなかった
2	諸規則や指示にやや無関心なところがあり，時々守られていないことがあった
1	諸規則や指示に反する行為が見られ，注意しても繰り返すことがあった

　周囲と比較せず，「その人がどうだったか？」を見て評点します。したがって，全員5点になってもよいし，1点であっても構いません。絶対基準で評価する方法を「絶対評価」といいます。

● 当社のルール
　当社では，以下のルールで行います。

　・自己評価　⇨　絶対評価
　・一次評価　⇨　絶対評価
　・最終評価　⇨　相対評価（全体のバランスを見てS～Dの5段階で評価します）

　一次評価者については，相対評価にならないよう，注意しましょう

(次のページのルール説明をしっかり守ってください)。

2.一次評価者,二次評価者のルールの説明

評価を付ける際のルールと,なるべく評価者ごとのバラつきを抑えるためのテクニックを教えてあげます。

参考テキストイメージ

① 一次評価者のルール
●**絶対評価で,点数を記入する**
　よく,最初に評価した人と比べて後の人を評価してしまうことがあります。例えば,「最初に付けた●●さんは4点だったから,○○さんは3点かな」みたいな,付け方です。そういう付け方をすると評価者ごとのバラつきが出てしまい,より公正な評価につながりません。しっかりと評価基準を読んで,評定を行いましょう。

●**評価項目は,評価できない項目がある場合は,評価しなくて構わない（最終的に％で点数を出す）。ただし,なるべく部署ごとに統一する**
　「評価がつけられない項目」があったら,そこは評価せず,飛ばしてください。
　「評価項目数×5点」が,その人の満点になります。
　最後は,「合計点数/満点」で,％を出し,その数字を評価点とします。評価できない項目について,無理矢理点数を付けないようにしましょう。
　評価すべき項目かどうか,見解が部下と別れた場合は話し合うようにしてください。

●部下の自己評価は見ないで，記入する

　部下の自己評価を最初に見てしまうと，つい引っ張られてしまいます。

　部下の自己評価は見ずに，評価を行ってください。

●評価項目について，最初に「3点」の項目を読んでから，点数をつける

　最初に中間の3点を読んでから，上かな，下かな，と判断すると評価が付けやすいです。

●最後に，S〜Dを，決める

　一次評価者の段階では，絶対評価で決定すること。全員Sでも構いません。

　概ねの基準は，以下の通りです。

90点以上	S
80〜89点	A
60点〜79点	B
50点〜59点	C
50点未満	D

●「勤続年数」や「将来の期待」などを評価材料に入れないこと

　「●●さんは10年もやっているのにこの程度」とか，「●●君はまだ入社半年なのに，こんなにできる」という印象は，評価材料には入れないようにしてください。主観が入ってしまい，相対評価になり，評価者ごとのバラつきの原因になってしまいます。同じ評価シートを使う以上は，勤続年数，経験は考慮せず，絶対評価で，評価基準に照らし合わせて評価をしてください。

●社内行事など,「勤務時間」以外の行動を評価に入れないこと

　　人事評価の対象となる場面は,職務遂行行動に限られます。

　　任意参加の忘年会や親睦会などは,評価の対象に入れないようにしてください。

　　また有給休暇やプライベートでの時間の使い方についても,当社の場合は以下のルールで行いますので,考え方を統一してください。

当社のルールにおいて,誤まった考え方	○・×
終業後に行う職場の懇親会に,特別な理由もないのに,いつも不参加である者は,「協調性に欠ける」など,マイナス評価すべきである。	×
有給休暇をとらないで頑張っている者と有給休暇をフルに消化する者とでは,有給を取らずに頑張っている者をプラス評価すべきである。	×
忘年会の出し物で,盛り上げ役として抜群の活躍をした者には,プラス評価すべきである。	×
業務外の時間を使って,研修や勉強会などに積極的に出ている者は,向上心があるとしてプラス評価すべきである。	×

●過去のイメージにとらわれず,定められた「評価期間」を守ること

　　評価シート記入直前の状況を評価せず,期間全体の平均値で評価します。

　　例えば,入社時点では全然できなかったけど,評価期間中に著しく成長し,最後の方では高評価になっているケースでは,シート記入時点ではなく,期間全体の平均で評価をします。逆に評価記入時期の直前だけ頑張る人がいても,その時だけで高評価は付けないようにしてください。

② 二次評価者(最終評価者)のルール

●一次評価者のチェック的な立場であること

　　甘すぎる評価者,辛すぎる評価者など,全体の評価者のバランスのチェック役です。

●相対評価で，最終評価（S～D）を決定する

概ねの基準は，以下の通りです。

S	A	B	C	D
全体の 0～5%	全体の 20～25%	全体の 50%前後	全体の 20～25%	全体の 0～5%

30人の例

S	A	B	C	D
0～2人	6～8人	15人	6～8人	0～2人

　評価者となる者が，評価の仕組みとルールを理解しておかなければ，評価制度は継続できません。新しく評価者になった人へ，また評価シート記入直前に改めて会社の評価ルールを確認するツールとして，このような簡単なルールブックを作っておくとよいでしょう。

おわりに

　最後までお読みいただき，本当にありがとうございました。

　本書のタイトルでもある「対話式評価制度」という言葉は，企画段階において同友館の佐藤さんへ「評価制度で一番大事なことは，社内のコミュニケーションなのです」と語っている中で，ふと生まれた言葉でした。また，本書で書かれている内容のような取り組みを本気でしていかなければならないと思った理由も，日々の仕事の中で，主観になりますが中小零細企業における定着率の悪さや，従業員のモチベーションの低さに危機感を覚えていたからです。そしてその原因が，多くの場合コミュニケーションの量や中身にあると感じているからです。

　この本の内容が，すべての企業にマッチするとは思いません。しかし，あなたの会社の「定着・育成」のツールとして，ごく一部でもお役に立つことができるのであれば，著者としてこれほど嬉しいことはありません。

　なお，本書の執筆にあたり携わってくださった皆様，この場を借りて御礼をお伝えさせてください。

　まずは執筆にあたり多大なアドバイスを頂いた同友館出版部の佐藤文彦さん，先輩士業の松波竜太先生，平井利宗先生，そして同友館とのご縁を取りもってくださった松尾泰洋さん，いつも一緒に仕事をしてくれているNice-oneスタッフのみなさん，私を応援してくれる両親，ありがとうございます。そしていつも私を支えてくれている妻と息子へ，改めて感謝を伝えたいと思います。ありがとう。

　そして何よりも，本書を手にとってくださったあなたに，心から感謝いたします。

【著者略歴】

中山 伸雄
なかやま のぶお

社会保険労務士法人 Nice-One 代表。

1979年，埼玉県さいたま市生まれ。大学卒業後，1年間，新聞配達の住み込みアルバイトで浪人生活をしながら社会保険労務士の資格を取得。その後，外資系生命保険会社の営業職，労務管理システム販売会社の営業職を得て，2008年4月に社会保険労務士として独立，2015年1月に社会保険労務士法人 Nice-One 設立，代表を務める。

現在は年間80社を超える企業に対して，中小企業の人事評価制度の構築や賃金制度，就業規則等の規程づくり，企業の行動指針づくり研修等，人事労務分野でのコンサルティングや相談業務を中心に，活動を行っている。

【ダウンロード特典】

すぐに使える！
本書内で解説している人事評価シートのテンプレートがダウンロードできます。
詳しくは，以下のページをご参照ください。
https://www.nakayama-sr.com/book
（パスワード：niceone）

2019年1月30日　第1刷発行

中小零細企業のための対話式評価制度のススメ

Ⓒ著　者　　中　山　伸　雄

発行者　　脇　坂　康　弘

発行所　株式会社　同友館

〒113-0033 東京都文京区本郷 3-38-1
TEL.03 (3813) 3966
FAX.03 (3818) 2774
https://www.doyukan.co.jp/

落丁・乱丁本はお取り替えいたします。　　三美印刷／松村製本所
ISBN 978-4-496-05396-2　　　　　　　　　Printed in Japan

本書の内容を無断で複写・複製（コピー），引用することは，特定の場合を除き，著作者・出版者の権利侵害となります。